Johann Schiller

Die neuesten Unbilden gegen die pfälzische Kirche und Geistlichkeit

Johann Schiller

Die neuesten Unbilden gegen die pfälzische Kirche und Geistlichkeit

ISBN/EAN: 9783741166013

Hergestellt in Europa, USA, Kanada, Australien, Japan

Cover: Foto ©Lupo / pixelio.de

Manufactured and distributed by brebook publishing software
(www.brebook.com)

Johann Schiller

Die neuesten Unbilden gegen die pfälzische Kirche und Geistlichkeit

Die neuesten Unbilden

gegen die pfälzische

Kirche und Geistlichkeit.

Abgewehrt

von

Johann Schiller,

Pfarrer in Westheim und Ritter I. Classe des Verdienstordens
vom heiligen Michael.

— · —◦◦— · —

Speyer, 1861.
In Commission bei J. E. Neidhard.
Druck von Georg Kranzbühler.

1.

Wahrheit ist mein Märchen: schwarz, aber
gar lieblich, wie die Hütten Kedar, wie die
Teppiche Salomo.

Magus aus Norden.

Es war im Jahre 1855, — die Kammern waren
in München zusammengetreten, — als in der akade-
mischen Anstalt für Literatur und Kunst zu Heidelberg
von einem Anonymus ein Schriftchen erschien, das den
Titel führte: „Ein Streiflicht auf die pfälzischen
Landtagswahlen." Das Schriftchen wurde durch
die ganze demokratische und lichtfreundliche Presse mit
lautestem Jubel begrüßt und männiglich angepriesen,
wurde von sämmtlichen Demokraten und Lichtfreunden
der Pfalz möglichst im Lande kolportirt, wurde an die
Abgeordneten der zweiten Kammer unentgeltlich ver-
theilt, ja es wurde Sorge getragen, daß es bis in die
höchsten Kreise den Weg fand. Und was machte frag-
liches Streiflicht zu solchem Wunderdinge? Sein vor-
nehmster Passus war ohne Frage folgender:

„Mit Hülfe der nöthigen Macht läßt
sich am Ende in jedem Lande das be-
wahren, was „„Warschauer Ruhe""
heißt. Aber eine andere Frage ist es,
ob eine solche Ruhe für die Pfalz im
Willen und Interesse der Staatsre-
gierung liege, ob die Pfalz darauf ver-
zichten solle, sich behaglich und zu-
frieden zu fühlen, wohlmeinend behan-
delt und väterlich verwaltet zu wissen?
Es gab fürwahr nie eine Periode für

die Pfalz, in der sie sich so innerlich und so tief verletzt gefühlt hätte wie in der jetzigen. Ein großer Schmerz durchzieht dieses Land; das Bewußtsein, trotz 1848 und 1849 eine solche Mißhandlung nicht verdient zu haben, erfüllt die Gemüther, die Erkenntniß, an welchen moralischen Abgrund sie hingemaßregelt wird, greift mit dem ganzen Ernste wirklicher Besorgniß immer mehr um sich; die Pfalz weiß sich wie noch nie unglücklich. Gewaltig würde man irren, würde man an einem solchen Zustande beßhalb zweifeln, weil er sich nicht in leidenschaftlichen Ausbrüchen oder gar in excessiven Handlungen Luft macht. Es ist vielmehr der Erfahrungssatz auf sie anwendbar, daß die Krankheit um so bedenklicher sei, je weniger sie sich auf der Oberfläche zeige und je mehr sie sich in das Innere zurückziehe, um dort ihr schleichendes Gift wirken zu lassen."

So weit die berüchtigte Stelle. Nebenbei bringen wir noch in Erinnerung, daß man sich nicht gescheut hat, unter mancherlei anderm Lügenwerk in verschiedenen Blättern und Blättchen die Behauptung zu wiederholen, daß die angeschuldigte kgl. Regierung auch die starke Auswanderung aus der Pfalz nach Amerika verschuldet und zu verantworten habe. —

Als Schreiber eines schönen Morgens eben am Triumphliede Deboras und Baraks saß, wurde ihm, der in seinem abgelegenen Dörfchen das allwärts und massenhaft unter Demokraten und Lichtfreunden verbreitete Schriftchen nicht alsbald habhaft werden konnte, selbes durch Freundeshand übermittelt. Er hatte es, und vorab die citirte Hauptstelle kaum durchflogen, so

überkamen und übermannten ihn aus gedachtem Triumph=
liebe die Worte: „Wohlauf, wohlauf, Debora, wohlauf,
wohlauf, und singe ein Liedlein: „Mache dich auf Ba=
rak, und fange deine Fänger, du Sohn Abinoams" —
und nach vier und zwanzig Stunden wanderte ein an=
deres Schriftchen in die Druckerei: „Das Irrlicht
aus Heidelberg." Dies Schriftchen hat eine vier=
malige Auflage erlebt und seines Zweckes, wie allgemein
versichert wurde und auch der Erfolg rechtfertigte, nicht
verfehlt.

Aber auch die Krankheit, von der oben vermeldet
ward, „daß sie um so bedenklicher sei, je weniger sie
sich auf der Oberfläche zeige und je mehr sie sich in
das Innere zurückziehe, um dort ihr schleichendes Gift
wirken zu lassen", hat glücklich die Krisis bestanden.
Dieselben Leute, die sich vorhin so unglücklich wußten,
wie noch nie, fühlen sich heute (wir haben eben das
Jahr 1861 begonnen) so glücklich, wie kaum je, etwa
1848 und 1849 ausgenommen, doch das kann ja auch
wieder kommen. An der gehörigen Unterweisung we=
nigstens gebricht es nicht und die Leute in der „sonnigen
Pfalz am Rhein" sind ja allbekanntlich sehr gelehrig in
gewissen Stücken.

Aber wie ist denn dieser plötzliche Umschwung zu
Stande gekommen? Wir dächten etwa so: Nachdem das
geschilderte schleichende Gift gehörig herum= und umher=
geschlichen und die edleren Säfte angefressen hatte, ist
es als großmächtige Eiterbeule an die Oberfläche ge=
treten. Es fehlte nur noch die Lanzette, das Ge=
schwür zu öffnen. Da bot sich das neue Gesang=
buch dar und siehe, der Unrath brach in Massen her=
vor und durchströmte in gewaltigem Flusse mit pesti=
lentialischem Gestanke und unter dem Hohngelächter der
Hölle das „sonnige Land am Rheine." O, es ist ge=
wiß ein schönes Ding um eine gute Lanzette! Und
nun, wie mit Einem Male, war die „Warschauer Ruhe"
zu Ende.

II.

Wer unbedingt dich lobt, der lobt dich wirklich nicht,
Weil, wo Begränzung fehlt, auch der Gehalt gebricht.
Der lobt dich, wer bedingt dich lobt im Gegensatz,
Anweisend unter viel Gelobten deinen Platz.

Weisheit der Brahmanen.

Unterm 23. Juli 1860 verkündete im Pfälzischen
Kurier eine Stimme „vom Donnersberg“, daß im näch=
sten Monat, das heißt doch wohl im Monat August,
eine Denkschrift im Druck ausgehen werde, in welcher
von einer sehr gewandten Feder klar und bündig, aber
scharf und schlagend unsre kirchlichen Zustände beleuchtet
werden und welche von manchen Herren sicher nicht
gelesen wird, ohne ein gewisses Seitenstechen zu em=
pfinden. Im 1. Abschnitt, hieß es, wird die Denk=
schrift den schlagendsten Beweis liefern, daß das Con=
sistorium seine Vollmacht überschritten; der 2. Abschnitt
wird die Confirmation der Kinder behandeln — „Eine
Appellation an alle theologischen Facul=
täten Deutschlands wird die Wahrheit und
das Recht zur Klarheit bringen“ —; der
3. Abschnitt wird seine Laterne in die geheimniß=
volle Kammer des Nepotismus ausstellen; der 4. Ab=
schnitt wird eine Musterung der ganzen Klerisei an=
stellen; der 5. Abschnitt wird eine Antwort geben auf
die beständigen Denunciationen der frommen Herren,
daß die Bewegung gegen die neue Liedersammlung nur
die Revolution vom Jahre 1849 und die Freunde des
alten gesetzlich eingeführten und gesetzlich noch bestehen=
den Gesangbuches nichts als Rothe seien. Den From=
men, ward hinzugesetzt, wird die Maske abgezogen und
mit Bezeichnung von Namen, Zeit und Ort thatsächlich
nachgewiesen werden, daß sie in ihrer eigenen Mitte die
Revolutionäre von Anno 1849 ohne Brille suchen kön=
nen, und daß jetzt, weil der Wind von einer andern
Seite bläst, „Kirchenpairs“ und „Würdenträger“ auf

ihrer Seite stehen, die vor 12 Jahren die Volksver=
sammlungen haranguirt und gegen „Fürsten und Für=
stenknechte" gewüthet haben.

So die Ankündigung. Ueber dem Lesen derselben
ist es uns beinahe ergangen, wie den weiland Athenern,
von denen geschrieben steht, daß sie auf nichts Anderes
gerichtet waren, denn etwas Neues zu sagen und zu
hören. Das angeführte Programm versprach ja in der
That die allergroßartigsten Neuigkeiten und wir waren
darum höchlichst gespannt, auf nichts mehr jedoch, denn
auf die Appellation an die sämmtlichen theologischen
Facultäten Deutschlands. Aber die von so hohem Ko=
thurne herab belobte Denkschrift wollte nicht erscheinen.
Wir harrten von Tag zu Tag, von Woche zu Woche,
aber vergebens. Wir fragten nach geraumer Zeit im
Evangelischen Kirchenboten an, wir fragten in der Pfäl=
zer Zeitung an, ob selbige Denkschrift noch nicht er=
schienen sei — Alles vergebens. Endlich, nach so starker
Geduldprobe, ließ sich eine Stimme aus München im
Pfälzischen Kurier vernehmen: „Eben erscheint bei Buch=
händler G. Franz dahier eine gediegene Schrift unter
dem Titel: Kirchengesetz und Kirchengewalt in
der bayrischen Pfalz. Eine übersichtliche historisch=
kritische Darstellung des Kampfes der vereinigten pro=
testantischen Kirche der bayrischen Pfalz mit der Hie=
rarchie." So in Nro. 301 des Pfälzischen Kurier.
Ah, dachten wir, du bist die Denkschrift vom Monat
August. Selbe Schrift wird sodann insbesondere den
Eiferern gegen die Union im Brode der Union em=
pfohlen 2c. Die beigegebene Verzeichnung des Inhalts
jedoch war eine etwas andere, als die im vorhin ange=
führten Programme. Wir wissen nicht zu sagen, wa=
rum? War der Herausgeber etwa nicht im Stande,
das von ihm oder Andern eingesetzte Wort zu lösen?
Oder hatten die theologischen Facultäten ihr Votum
verweigert? Oder war es in einem andern, vielleicht
entgegengesetzten Sinn ausgefallen? Wie dem auch sei,

6

unsre Neugierde „verspürte eine bedeutende Abkühlung“.
Da kam der Kurier abermals, es war am 30. De=
zember, und erklärte in der Person seines Redakteurs
mit lautem hellen Schalle: „Die Erwartungen von
der Gediegenheit der kürzlich in München bei Georg
Franz erschienenen Schrift: „Kirchengesetz und
Kirchengewalt in der bayrischen Pfalz ꝛc. ꝛc.“
sind nicht allein nicht getäuscht, sondern bei Weitem
übertroffen worden. Selten haben wir eine Streit=
schrift gelesen, wo auf so beschränktem Raume so viel
Interessantes zusammengedrängt worden ist. Das Schrift=
chen hat unsern schon seit einer Reihe von Jahren an=
dauernden Kirchenstreit mit einer Schärfe, Unparteilich=
keit und Sachkenntniß dargestellt, daß ihm das Prä=
dikat der Vortrefflichkeit nicht versagt werden kann.“
Und weiter unten: „Es soll uns jedoch sehr wundern,
wenn die Schrift, hat sie einmal ihre volle Wirkung
gethan, nicht wenig dazu beigetragen haben dürfte, dem
eben so boshaften und hochfahrenden, als unversöhn=
lichen Muckerthume den Todesstoß zu geben. Wenn
nicht alle Zeichen trügen — und der neueste Regier=
ungserlaß vom 12. Dezember gegen allen und jeden
Zwang ist ein solches Zeichen — so sind seine Tage
gezählt. Die Frommen fühlen bereits den Boden unter
sich wanken, bereits fangen sie an, selbst der Regierung
den Text zu lesen, und ihr allerlei mit schnöder Keck=
heit vorzuwerfen. Es ist dies eine Ahnung, die sie be=
schleicht, daß die Regierung keine Lust mehr hat, dem
Muckerthume seinen verfahrenen Karren aus der Patsche
ziehen zu helfen. Und die fragliche Schrift ist ganz
darnach angethan ꝛc.“

So der Hr. Kurier, und seine verehrlichen Leser
haben sicher alsobald hinzugedacht: Der hat’s wieder
einmal den Pfaffen gesagt! Und wenn Dünkel und
Grobheit Beweise ersetzen, so hat der Kurier auch seinen
Lesern bewiesen, daß er Recht habe. Meint doch Göthe
irgendwo, nur die Lumpen seien bescheiden, und der

Heide Sokrates hält es für eine männliche Tugend, seinen Feinden möglichst zu schaden, und St. Just so= wohl, als Danton behaupten, daß die Verwegenheit das Geheimniß der Revolution sei. Wir haben uns demnach über die Neujahrsbescheerung nicht zu beklagen, da vom Kurier solche Rede ganz in Ordnung und gar nicht anders zu erwarten ist. Ja, hätte er mit Vater Gleim geschrieben: „Klopstock! du bist nicht Horaz, nicht Pindar, du bist Eloah!" — es hätte uns mit Nichten befremdet. Dieser Lobende darf zu dem Belobten und dieser Belobte zu dem Lobenden mit Recht und Fug sagen: „Das ist Bein von meinem Bein und Fleisch von meinem Fleisch!"

Was ist denn aber das für ein Ding, das vorhin wiederholt genannte Muckerthum? Wenn der Kurier einen Funken Wahrheits= oder Ehrgefühl besäße, so würde er sich schämen, der pfälzischen Geistlichkeit gegenüber, die Kirchenbehörde mit eingeschlossen, eine derartige Be= zeichnung zu gebrauchen. Der Name Mucker ist näm= lich der Spottname jener Königsberger Secte, die in den 30er Jahren von sich reden machte, die von einem dualistisch=gnostischen Systeme ausgehend in schwere Fleischessünden ausartete, bis von Olshausen und Tippelskirch ihr Unwesen gestört wurde. Was haben nun, fragen wir jeden halbwegs ehrlichen Mann, die pfälzischen Geistlichen mit dieser scheußlichen Ge= schichte zu schaffen? Nach welchem Rechtsbuche darf sie der Kurier unter fraglichem Namen der Verachtung seines Lesepublikums denunciren? Welchem andern Stande im Staate dürfte solches ungestraft geschehen? Ist dies nicht die offenbarste Falschmünzerei und ge= wissenloseste Perfidie im Bunde wegwerfend= ster Frivolität? Gibt es gegen solch' öffentlichen Schimpf keinerlei Schutz mehr in der sonnigen Pfalz am Rhein? Oder ist das eine Frucht der gepriesenen Preßfreiheit? Und mit demselben Odem becomplimentirt derselbe Mund die kgl. Regierung! Wir gratuliren.

Was Wunder, daß man in Bierstuben und Weinschenken, wo der Unverstand den betreffenden Erlaß vom 12. December in seiner Weise ausbeutet und ausbeutet, jetzt täglich hören kann: der Kurier sei der Verbündete der Regierung und die Regierung der Verbündete des Kuriers gegen Pfaffen und Mucker!

Und wer sind die Pfaffen? Bekannt ist, daß sonst dieser Name in der katholischen Kirche ohne alle üble Nebenbedeutung gebraucht wurde; dagegen pflegt man in der protestantischen Kirche diejenigen Geistlichen mit selbigem Namen zu bezeichnen, denen es um Gelderwerb und irdischen Reichthum mehr zu thun ist, als um das Reich Jesu und die cura animarum. Unsertwegen geißle der Kurier immerhin solche Ab- und Afterart, wo er ihr begegnet, wenn er sich dazu berufen glaubt — aber des Standes als solchen hat er zu schonen! Es hat ja wohl am Ende jeder Stand neben ehrenwerthen Männern auch schofele Subjecte. Beide in einen Topf zu werfen, ist wider Recht und Billigkeit und verräth eine gemeine Seele.

In ähnlicher Weise hat vor 1848 und 1849 auch die Speyerer Zeitung gewirthschaftet, aber gesagte Jahre waren mehr oder weniger die Frucht dieser Wirthschaft. Das hat man denn auch nach der Hand allgemein eingesehen und ausgesprochen, aber es war, um uns eines Lieblingswortes des Kuriers zu bedienen, zu spät. Uebrigens müssen wir der Wahrheit zu Ehren gestehen, daß es die weiland Speyerin so ungescheut und unverschämt, wie der Kurier gegen alle göttliche und menschliche Ordnung rast und mit Revolution um sich wirft, doch nicht zu treiben wagte. Man nehme nur, wie er dem proponirten Polizeistrafgesetzbuche gegenüber sich ausläßt! „Die Pfalz wird die neuen Gesetze mit jener Resignation hinnehmen, mit der besiegte Völker die ihnen von dem Eroberer aufgedrungenen, ihr individuelles Geistesleben vernichtenden Insti-

tutionen aufnehmen; der also in pfälzischen Boden ge-
schleuderte Zündstoff wird aber bei erster Gelegenheit
zur verheerenden Flamme auflodern ꝛc. ꝛc.!" Und wie
brandmarkt er das Andenken der Regierung des
Königs Friedrich Wilhelm IV., wenn er behauptet oder behaupten läßt, „daß sie die unheilvollste
aller preußischen Regenten gewesen für Preußen wie für
Deutschland, Dank der verruchtesten der irdischen Mächte,
dem Pietismus und der Protectrice desselben, dem Le-
gitimitäts-Fanatismus." — Doch wer mag die Stückchen
alle nacherzählen, von denen jenes Blatt wimmelt zum
ungeheueren Gaudium unserer protestantischen Männer
und zur gründlichen Belehrung der „sonnigen Pfalz am
Rhein!" Nur so fort gemacht auf der einen Seite,
nur so zugesehen auf der andern Seite — die Pfälzer
sind, wie bemerkt, ein gelehriges Völklein — und bald
wird der verfahrene Karren nicht mehr aus
der Patsche zu ziehen sein. O, sie jubeln ja
schon auf allen Straßen und Gassen bis unter unsere
Fenster ob der Dinge, die da kommen werden und, setzen
wir hinzu, kommen müssen, wenn das Geleise der schie-
fen Ebene noch ein Bischen breiter getreten ist.

Man mißverstehe uns jedoch nicht, als ob wir
die allergeringste Bange hätten um die Kirche Gottes
oder auch nur um unsere geringe Person. Was erstere
betrifft, so hat sie die Verheißung, daß ihr keine Pforten
der Hölle etwas anhaben mögen. An ihr haben schon
ganz andere Mächte sich versucht, aber der Herr
hat sie zerschmissen, wie Töpferwaare. Kein
Berg wird jemals Golgatha übergipfeln!
sagt, — wie kommt Saul unter die Propheten? — K. Gutz-
kow. Und was die letztere, Schreibers Person, anbelangt,
die im Grunde gar nicht der Rede werth ist, so kann's ja
der Hr. Kurier von seinen speciellsten Landsleuten er-
fragen, ob sie etwa den Pfarrer von Iggelheim
bange gesehen haben, als am 23. Mai 1849 die Vor-
hut der Freischaren, die grimmigen Sensenmänner,

das dortige Pfarrhaus umlagerten, und als am 24.
Mai gegen 300 Mann, die man mittelst General=
marsch versammelte, unter Trompetenschall und
Trommelschlag vor eben demselben Pfarrhause auf=
marschirten? Oder er frage die Herren Regenten der
Kaiserslauterer Fruchthalle, wie 14 Tage später
der gedachte Pfarrer ihnen gegenüber gestanden? (Sub
rosa, Hr. Kurier, sei noch bemerkt, daß der damalige
pfälzische Oberregent dem gemeinten Pfarrer von Iggel=
heim, mit dem er doch groß Ursache hatte, unzufrieden
zu sein, nicht etwa einen Pfaffen oder Mucker vor
die Füße warf, sondern umgekehrt, als ein anderer der
Regenten sich vergessen zu wollen schien, eine dergestalte
Apologie hielt, wie Schreiber Zeit seines Lebens von
seiner Kirchenbehörde keine erhalten hat. Herr Reichard
lebt in Amerika.)

III.

Sobald du weißt, daß deine Rede nicht
völlig recht ist, sag' es nicht,
Und wenn du weißt, daß auf die Frage die
Antwort schlecht ist, frag es nicht.

Sabl's Rosengarten.

Wir kommen zu der vorhin genannten irrlich=
ternden Schrift, die sogleich auf der ersten Seite
von der „irre geleiteten weltlichen Macht" und
der „irre geleiteten Staatsgewalt" phantasirt.
Damit wollen wir zugleich an die Gegenpartei das Com=
pliment verbinden, daß sie, wie sie überhaupt Partei=
disciplin bewährt, sich einen nicht ungeschickten
Advokaten ersehen hat, nachdem sie allerdings lange
genug, öffentlich und insgeheim, nach einem solchen
Umfrage gethan. Nun darf man aber das Wort
„Advokat" nicht in seiner idealen Bedeutung nehmen,
sonst griffe man gewaltig irre. Ebensowenig darf man
an die von dem Advokaten behauptete Unparteilich=
keit und Unbefangenheit glauben. Davon findet

sich so ziemlich das Gegentheil in seiner Schrift. Doch haben wir es nicht mit der Person des anonymen Verfassers zu thun, noch mit dem etwa zugesprochenen Honorar, noch damit, daß er unter den Mitarbeitern des Pfälzischen Kurier excelliren und daß ihm sogar schon eine Anwartschaft auf die Redaction geblüht haben soll. Möglich auch, daß er dem Streiflicht von Anno 1855 nicht ganz ferne steht, wenigstens scheint sich das Manöver von damals, auf anderem Boden, heute wiederholen zu sollen. Sind ja doch abermals in München die Kammern zusammen! — Nebenbei werde bemerkt, daß sich in beiden Schriften allerlei Wendungen und Windungen begegnen, die wenigstens auf verwandtes Quellwasser schließen lassen. Dort heißt es: „es verlautet, es gehen Aeußerungen, man erzählt sich, man will wissen, man spricht davon, man fügt bei, man weist darauf hin 2c. 2c." — Hier heißt es: „es war vielleicht, wir dürfen nicht darauf eingehen, wir vermeiden absichtlich, wir beschränken uns, es kann nicht unsre Aufgabe sein, es mag dahin gestellt bleiben, wir müssen Anstand nehmen 2c. 2c." Und nicht nur solche viel- oder nichtssagende, jedenfalls aber ausweichende Redensarten, die jedoch immerhin einen Fortschritt wahrnehmen lassen, begegnen uns in beiden Broschüren: auch die Tendenz ist so ziemlich dieselbe, nur daß es dort dem weltlichen und hier dem geistlichen Regimente gilt, welchen aller Jammer im Lande schuld gegeben wird. Heißt es dort: „Warschauer Ruhe, ein großer Schmerz durchzieht dieses Land, die Pfalz weiß sich wie noch nie unglücklich" — so heißt es hier: „Alles wirr und schwirr durcheinander geworfen, der unseligste Hader ist in Gemeinde und Kirche, in Schule und Haus 2c. 2c." Auch ist dort wie hier von allerlei Umwandlungen und Schwenkungen die Rede; dort muß die Pfälzer Zeitung, hier müssen die Kirchenblätter den Helfershelfer oder Sündenbock spielen; dort wie hier wird ein Revolutiönchen in Aussicht gegeben. Doch lassen wir

die Vermuthungen und halten wir uns an das That=
sächliche. Thatsache aber ist es in Wahrheit, daß gegen=
wärtig in etlichen Gebieten der „sonnigen Pfalz am
Rhein" ein großer Spektakel und Wirrwarr sich findet,
so groß, daß mitunter kaum ausfindig gemacht werden
kann, wer noch Koch oder Keller ist. In dieser Be=
hauptung hat also unser Gegner Recht, und wir geben .
ihm gerne Recht, wo er Recht hat. Nur erlauben wir
uns in geziemender Bescheidenheit hinzuzusetzen, daß noch
etliche andere Thatsachen existiren.

Thatsache ist, daß die Synoden schon seit
Jahren für ein schriftgemäßeres Gesangbuch sich aus=
gesprochen haben. Thatsache ist, daß uns mit Gottes
Hülfe und des Königs Gnade durch die letzte General=
synode ein solches schriftgemäßes Gesangbuch geworden;
Thatsache ist, daß dieses Gesangbuch von allen gläu=
bigen Christen im Lande mit Dank und Freude begrüßt
wurde; Thatsache ist, daß eine nicht unbedeutende An=
zahl von Presbyterien eben dieses Gesangbuch schon vor
Jahr und Tag in kirchlichen Gebrauch genommen;
Thatsache ist, daß die von Hoher Kgl. Regierung an=
geordnete Einführung desselben Gesangbuchs in unsern
Volksschulen ohne Anstand vor sich gegangen; That=
sache ist, daß wir seit Jahr und Tag, in Kirche und
Schule, in Ruhe und Frieden, aus diesem Gesangbuche
gesungen haben. Man widerlege diese Thatsachen!

Wie kam denn aber der Spektakel und Wirrwarr
zu Stande? Das wollen wir in möglichster Kürze und
Treue berichten. Es kam der sogenannte protestantische
Verein am 14. November 1858 und agitirte in löblichster
und lieblichster Weise; es kam der Pfälzische Kurier
am 1. Oktober 1859 und schwang die Hetzpeitsche nach
Leibeskräften. Letzterer, und das ist seine größte Tugend,
kennzeichnet sich hinlänglich selbst von Tag zu Tag und
es ist wahrlich nicht seine Schuld, wenn noch nicht
Throne und Altäre umgestürzt sind.

Ersterer spielt seine Rolle etwas klüglicher, hängt

aber mit dem Kurier auf das Innigste und Zärtlichste zusammen, der ihm auch Mund und Anwalt ist und darum vorzugsweise von den protestantischen Männern gehalten, gelesen, gelobt und bezahlt wird. Die Aufgabe, die der protestantische Verein sich vorgeblich gestellt hat, ist die dreifache: 1) ein Unionsdenkmal, 2) Schriftenverbreitung, 3) Unterbringung verlassener Kinder. Vornämlich zu letzterem Zwecke ist ihm namentlich ein gut Theil Landleute beigetreten, die einen Beitrag, der bei Hunderten von Gebern kaum einige wenige Kreuzer betrug, gleichsam als Almosen gegeben haben. Bis zur gegenwärtigen Stunde aber hat der barmherzige und erbarmungsreiche protestantische Verein auch noch nicht ein einziges verlassenes Kind irgendwie untergebracht, dagegen eine Unzahl von Kindern in die traurigste Verlassenheit von Eltern und Lehrern und Gespielen. Dergleichen ist wohl auch aus dem Münchener Irrlicht zwischen den Zeilen herauszulesen. Und so ist's denn in der That und Wahrheit je länger, je wirrer und schwirrer geworden, die Wogen der Agitation stiegen von Tag zu Tag höher und höher. Eltern stachelten ihre Kinder auf, faule Jungen protestirten gegen das Lernen von Liedern, Herrschaften bedräueten ihre Dienstleute, Taglöhnern wurde aufgekündigt, Handwerker wurden außer Kundschaft gesetzt, Versammlungen auf Versammlungen gehalten, Unterschriften wurden auf alle Weise zusammengebracht, Beschwerden und Adressen wurden fabricirt, anonyme Briefe schändlichsten Inhalts wurden geschrieben, die frechsten Drohungen wurden ausgestoßen, Verdächtigung und Verleumdung wurde reichlichst ausgestreut, Gesangbücher wurden von Gemeindebeamten einkassirt, in den Wirthshäusern entstanden förmliche Balgereien, mit freventlichem Hohne wurde das Heiligste begeifert, allerlei Unfug ist auf öffentlichen Straßen vorgekommen, Hunden wurde das neue Gesangbuch an den Schwanz gebunden, die öffentlichen Gerichte mußten ein=

schreiten, ja sogar das Münchener Witzblatt, der Punsch, wurde seit geraumer Zeit, wie er unterm 23. December letzthin selbst erzählt, zum Mitkampf gegen das neue Gesangbuch aufgefordert. Das sind Thatsachen und nichts als Thatsachen. Die letzt= angeführte Thatsache allein aber charakterisirt schon hinlänglich und zur vollsten Genüge das gottvergessene Treiben der werthen Gegnerschaft. Und nun thut die= selbe verwundert, daß es wirr und schwirr im Lande aussieht! Wenn ich selbst spektaklen helfe, darf ich alsdann den Spektakel beklagen? Wir haben uns da= rüber nicht im Geringsten zu verwundern, sondern würden uns im Gegentheil zu verwundern haben, wenn diese heilloseste Agitation andere als die gemeldeten Früchte zeitigte. Hat nicht Hr. Bürgermeister Spanier, ein Katholik, aber unter Protestanten lebend, in öffentlicher Landrathssitzung · am 18. Mai vorigen Jahres vernehmlich genug gezeigt, daß er bis dahin die Aufregung und Gefahren nicht bemerkt habe, von denen ein Vorredner gesprochen, dagegen aber wohl bemerkt habe, „daß die Aufregung erst dann entstanden sei, als Diejenigen, welche weder ein altes noch ein neues Gesangbuch brauchen, sich an die Spitze gestellt und geschürt haben!" Wa= rum hat man denn weder innerhalb noch außer= halb des Landraths Hrn. Spanier nicht wider= legt? Das wäre ein ehrlich Stück Arbeit gewesen für unseren anonymen Hrn. Gegner! Ist er dieser Arbeit vielleicht absichtlich aus dem Wege gegangen? Fühlte er sich ihr in keiner Weise gewachsen? Nicht einmal der doch jederzeit so wortfertige Kurier hat gegen die Behauptung des Hrn. Spanier auch nur Ein Wört= chen zu erwiedern gewußt oder gewagt! Redet denn solches Schweigen nicht ungleich vernehmlicher, als alles Gerede der protestantischen Männer und alles Geschreibe des Pfälzischen Kurier und alles Irr= lichtern unseres anonymen Kirchengesetzlehrers?

Etwa fünf Monate später nach diesem unvergleich=
lichen Vorgange im pfälzischen Landrathe bemerkte in
der 48. öffentlichen Sitzung der großherzoglich hessischen
Abgeordnetenkammer zu Darmstadt, es war am 11.
October 1860, Hr. General=Staatsprocurator
Seitz, gleichfalls ein Katholik, und darum ebenfalls
unparteiischer Zeuge, in Beziehung auf die bekannten
Vorgänge in der bayrischen Rheinpfalz wegen Einfüh=
rung eines neuen Kirchengesangbuchs, wörtlich, wie
folgt: „Diejenigen, die am lautesten dagegen
eiferten, sind solche, die in ihrem Leben weder
ein Gesangbuch noch ein Gebetbuch zur Hand
nehmen!" Verdienen solche Stimmen keine Beachtung?
Sind sie nicht tausendmal glaubwürdiger, als alles
Zeter und Halloh unserer protestantischen Männer?
Nochmals: man widerlege sie; Auch Hr. Professor
Schenkel in Heidelberg kann nicht umhin, wenigstens
so viel zuzugestehen, daß die Agitationen der Oppo=
sitionspartei den Kirchenstreit zu der Höhe und All=
gemeinheit gebracht haben, in der er sich befindet.

Was bedarf es weiter Zeugniß? Trotz man aber
die Thatsachen nicht ableugnen kann und nicht zu wider=
legen im Stande ist, schiebt man dem Kirchenreglmente
und der Geistlichkeit, vulgo Pfaffen und Muckern,
den Hader in die Schuhe!

Wir stehen keineswegs an, zur Ehre der Wahrheit,
selbst unsern verbissenen Gegnern gegenüber einzugestehen,
daß wohl auch auf unserer Seite hie und da Mißgriffe
vorgekommen sind, als deren fatalsten Schreiber die Geist=
lichkeit=Versammlung zu Kaiserslautern am 29.
April 1860 erachtet, und zwar nicht etwa jetzt erst
post festum.

IV.

Wir kennen die Schale deines Ei's,
Zeig uns seinen Dotter und sein Weiß!
Rückert.

W. J. Thiersch meint, daß es Blindheit wäre,

16

in Bekämpfung solcher Gegner an jene literarische
Etikette oder Courtoisie sich zu binden, welche nur da
angebracht ist, wo man an sich bedeutungslosen
Fragen eine Würze zu geben für nöthig findet. Das
aber ist keinesfalls unser Fall. Zudem haben wir um
solcher Gegnerschaft willen weder Lust zu Glacéhand-
schuhen, noch zu Gummischuhen, die ohnedies für einen
Pastor, zumal auf dem Lande, schlecht zu passen scheinen.
Und was soll die Form, wo es sich um eine so hoch-
wichtige Sache handelt? Mag sein, daß Hr. Gegner,
wie die Stimme aus München behauptet, ein gewieg-
ter Jurist ist, und daß seine Schrift, wie es in der
Isar-Zeitung heißt, aus sachkundiger juristischer
Feder kommt — für uns entscheidet das nichts. Wir
haben bereits zugestanden und gestehen es nochmals zu,
daß sich die Partei einen geschickten Advokaten
ersehen habe, daß wir aber dieses Wort hier keineswegs im idealen Sinne nehmen dürfen, weil unseres
Gegners Waffe bloße Sophistik ist. Sehen wir zu.
Was zunächst den historischen Theil der geg-
nerischen Schrift anbelangt, so ist alles das, was sie
vorzubringen weiß, längst gesagt und soweit nöthig,
längst widerlegt. Wie man nur das Zeug abzu-
schreiben sich die Mühe geben könnte! Wer unserer
Behauptung nicht Glauben schenkt, der durchblättre die
25 Bogen starke Schrift des Kirchenraths Paulus
von Heidelberg „die protestantisch-evangelische unirte
Kirche in der bayerischen Pfalz, Heidelberg 1840. Hr.
Professor Schenkel in Herzogs Real-Encyklopädie
für prot. Theologie und Kirche sagt von dem hochbe-
tagten Herausgeber fraglichen Buchs, daß er in der
theologischen Welt allmählig so ziemlich verschollen war
und beklagt die gereizte Stimmung des damals hoch-
betagten Greises gegen Alles, was ihm als Mysticis-
mus anrüchig vorkam. Unsern rationalistischen Vor-
kämpfern in der Pfalz aber war er gerade aus diesem
Grunde sehr willkommen. Sieht man sich jenes Buch

heute ruhig burch, so will es Einem kaum glaublich er=
scheinen, daß es irgend einmal möglich gewesen ist. Wir
zollen bem sonstigen Charakter des alten Kirchen=
raths gerne Achtung, zumal in dieser unserer vielfach
charakterlosen Zeit, weil er eine eben so eiserne als offene
Consequenz handhabte, von seinen exegetischen Wunder=
kuren natürlich ganz und gar abgesehen. Was er aber
von Männern, wie Sieß und Rust, will glauben
machen, was er von unseres alten Katechismus sym=
bolischem Ansehen behauptet, was er zu Gunsten
unserer pfälzischen Rationalisten spricht, deren einen er
sagen läßt: „Christus starb für die Wahrheit und Gött=
lichkeit seiner Lehren und Behauptungen, nicht aber
für die Sünden der Menschen", deren anderm
er zustimmt, daß die „Lehre von dem rechtfertigen=
den Glauben der unirten Kirche ganz fremd sei und
daß selbst der katholischen Ansicht der Rechtfer=
tigung, welche das Tridentinum aufstellt, der Vorzug
gebühren würde, wenn nur erlaubt wäre, das Anathema
davon auszuscheiden, deren drittem er peroriren hilft
gegen die ehemals kirchlichen Dogmen de satis-
factione vicaria, de peccato originali, de justificatione,
de trinitate et inspiratione rc., womit er die ganze
Reformation, ja die ganze christliche Kirche auf puren
Sand gebaut sein läßt, — was er endlich gegen das
apostolische Glaubensbekenntniß vorbringt und eine Ver=
ehrung desselben, welche nur jenen Reliquien der
Apostel mit Recht gewidmet ist, in welchen Geist und
Leben des göttlichen Meisters an das Licht der Welt
gebracht wurde — das ist über die Maßen albern und
lächerlich. Vergißt sich doch der alte Herr soweit, den
Geistlichen zu erlauben, ihre aus Schrift und Nach=
denken gewonnene Ueberzeugung ihren Zuhörern und
Schülern zur Prüfung vorzulegen! Wahrlich, der=
gleichen Dinge dürften heutzutage selbst dem verkommen=
sten Theologen, wenn er nicht etwa zur Bruderschaft
der Lichtfreunde zählt, schwerlich begegnen. Bei seinem

Erſcheinen aber wurde das Buch in der Pfalz mit un-
endlichem Victoria begrüßt und unſer Hr. Gegner hat
einen guten Theil ſeiner Weisheit wieder aufgetiſcht.

Als ſecundäre Quelle, denn das Schriftchen
iſt nur ein Abklatſch des vorigen Buchs, ſcheint ihm
gedient zu haben: „Kurze Geſchichte der vereinigten pro-
teſtantiſch = evangeliſch = chriſtlichen Kirche der bayriſchen
Pfalz von G. Fr. Kolb“, der die damalige Speyerer
Zeitung redigirte und ſeinem Schriftchen kein geeigneter
Motto zu geben wußte, als: „Dumm machen laſſen
wir uns nicht ꝛc. ꝛc.“ War gar nicht ſonderlich
vonnöthen und darf darum auch Niemanden wundern,
wenn Hr. Kolb einem Dr. Ruſt Talent abſpricht,
dann wieder gegen denſelben wie einen Giganten los-
ſchlägt, wenn er deſſen Tendenz eine jeſuitiſch=pietiſtiſch=
myſtiſch=theokratiſche ſchilt und wir uns noch den Leſer
länger damit aufhalten.

Eine dritte Quellenſchrift, d. h. Abſchrift
von Abſchrift (Polonius im Hamlet: Obſchon dies
Tollheit iſt, ſo iſt doch Methode darin!) war unſerm
Hrn. Gegner das anonyme Büchlein: „Die proteſtan-
tiſch=evangeliſch=chriſtliche Kirche der Bayriſchen Rheinpfalz im Jahr 1818 und 1858, Mannheim bei Ho-
greſe.“ Daſſelbe beginnt mit „beherzigenswerthen Worten
aus der Anſprache Sr. Königl. Hoheit des Prinz=Re-
genten von Preußen.“ Wir hatten ſeiner Zeit gegen
das Libell ſchon die Feder zur Hand, legten ſie aber
wieder beiſeits, weil das anonyme Ding doch gar zu
werthlos iſt. Unſer Hr. Gegner hat jedoch auch aus
ſolcher Quelle zu ſchöpfen nicht verſchmäht! — —

Gehen wir an die rechtliche Frage ſeiner Schrift,
ſo dürfen wir den Sophiſten bei keinem Schritte aus
den Augen verlieren.

Vollkommenſt ſind wir mit dem Hrn. Gegner ein-
verſtanden, daß in der unirten Kirche der Pfalz, laut
der Vereinigungs=Urkunde, kein anderer Glaubensgrund beſtehe, als allein die heilige Schrift,

und lassen uns, damit, auch dankbarst, genügen. Wenn er aber schreibt: „Wir dürfen sogar nicht des Weiteren darauf eingehen, die in einem kürzlich erschienenen, von einem Consistorial- und Regierungsrathe verfaßten officiösen Handbuche ausgesprochene und als geschichtliche Thatsache in die Wagschale gelegte Behauptung, daß die General-Synoden und die höhern kirchlichen Stellen über Sinn und Bedeutung des § 3 (der Vereinigungs-Urkunde) von jeher dahin einig gewesen seien, daß er die Anerkennung der nicht streitig gewesenen Bekenntnißschriften umfasse, — näher zu beleuchten, obwohl unschwer darzuthun wäre und auch sonst allenthalben anerkannt ist, daß das gerade Gegentheil dieser weittragenden Behauptung der Wahrheit entspricht" — so dürfte uns doch billig die Frage erlaubt sein, 1) warum denn Hr. Gegner nicht des Weiteren darauf eingehen dürfe, und 2) warum er nicht recht klar und deutlich darthut, was nach seiner Behauptung unschwer darzuthun ist, zumal er mit solcher Darthuung die ganze eine Hälfte seiner Schrift hätte sparen können? Das wäre fürwahr eine im Dienste seiner Partei außerordentlich verdienstliche Arbeit gewesen und hätte derselben ungemein mehr gefrommt, als die vielen nachgeschriebenen Worte Anderer. Aber auch „das gerade Gegentheil" hat er dem Heidelberger Paulus entlehnt, der da schreibt: „Keineswegs wurde demnach der Zweck der Union bloß auf die ohnehin fast vergessenen Lehrunterschiede der lutherischen und reformirten Kirche beschränkt ꝛc." So der altersschwache Kirchenrath. Hr. Consistorial- und Regierungsrath Wand dagegen hat in seinem Handbuche sicherlich Recht, wenn er die von Sr. Maj. dem Könige Ludwig, laut Allerhöchster Entschließung vom 20. Januar 1837, bestätigte These mit Nachdruck betont. Dieselbe lautet:

„Eine neue Kirche", in dogmatischer Bedeutung genommen, ist demnach nicht gestiftet, und wenn gleich die §§ 5, 6, 7 und 8 der Vereinigungsurkunde als für die Kirche im Rheinkreis gültige und geltende Er=klärungen zu erachten sind, so ist bei der Wiederver=einigung im Jahre 1818 eine Lossagung von den übri=gen übereinstimmenden Lehren der lutherischen und re=formirten Confessionen nicht ausgesprochen."

Wie sollte und könnte dem auch anders sein? Wo in aller Welt werden denn zwei Parteien, welche sich über irgend welche Streitpunkte vereinigen, mittelst dieser Vereinigung dasjenige auf = und brangeben, worüber sie noch niemals uneinig waren? Oder hätten die beiden Confessionen sich noch insbesondere über dasjenige vereinigen sollen, worüber sie längst und je unbe=stritten einig waren? Dergleichen heißt man Wasser in den Rhein tragen. Welches Kirchenrecht oder irgend andere Recht stellt dergleichen Ansinnen? Auch hat wirklich in den Tagen der Vereinigung selbst keine Seele an so etwas gedacht. Noch leben ja Repräsentanten jener Zeit im Volke, die man nöthigenfalls fragen kann. Umgekehrt, hätte man dem damaligen Christenvolke ge=sagt, daß die Vereinigung ein Aufgeben der früher beiden Confessionen gemeinsamen Dogmen beabsichtige, so wäre eine Union gar nicht zu Stande gekommen. Das sollte man ehrlicher Weise eingestehen, weil ja doch alles Leugnen nichts hilft. Man würde aber auch schwerlich einen solch' sinn= oder verstandlosen Streit nie begonnen haben, wenn man auf Grund heiliger Schrift stünde. Wer sich die protestantischen Män=ner auf diesen Glaubensgrund hin näher besehen will, findet hinlängliche Gelegenheit in unseren Tagen. Leset den Kurier, der ja auch ein protestantischer Mann ist und täglich auf seinem Glaubensgrunde Geschäfte macht!

Eine weitere Aufstellung unseres Hrn. Gegners ist die, daß die Generalsynode von 1857, der wir das neue Gesangbuch danken, „ein vollkommen illegal gebildeter Körper war, und Alles, was ihr seinen Ursprung ver=

dankt, absolut nichtig und wirkungslos ist und bleibt," und wolle man nicht auf das Wahlgesetz von 1848 zurückgehen und Alles, was seit 1853 in der Kirche geschehen ist, unbedingt negiren, so sei es „absolut un= möglich, je wieder einen Rechtszustand in der unirten Kirche der Pfalz herbeizuführen."

Da haben wir's! Man könnte es zur Preisauf= gabe machen, ob das Irrreden noch weiter zu treiben sei. Da wird den Diöcesansynoden, da wird der Ge= neralsynode, da wird der Kirchenbehörde, da wird dem Ministerium, da wird Sr. Maj. dem Könige nichts und wieder nichts als ungeheuerlichster Rechtsbruch ins Angesicht geschleudert. Wie verhält sich denn aber die Sache?

Die Generalsynode vom Jahr 1848 hat ein Wahl= gesetz geschaffen, welches Wahlgesetz die nach eben diesem Wahlgesetze gewählte Generalsynode vom Jahre 1853 auf dem Wege Rechtens wieder ab= that. Da nun Se. Maj. der König nach unbeanstan= detem und unbestreitbarem Rechte, alle Beschlüsse der Generalsynode ganz oder theilweise zu genehmigen oder auch nicht zu genehmigen, kraft welcher Genehmigung gemeinte Beschlüsse erst rechtliches Ansehen er= halten, das von der Generalsynode vom Jahre 1853 beschlossene Wahlgesetz nicht in allen seinen Thei= len genehmigte, so ist, behauptet Hr. Gegner, Alles absolut nichtig und wirkungslos, was allen fol= genden Generalsynoden seinen Ursprung verdankt! Luthere, du hast wahrhaftig Recht: Studeo, studui, studere habet in supino stultum. Hier bleibt nur so viel begreiflich, daß unser Hr. Gegner und seine Clienten, die protestantischen Männer, nach dem Wahl= gesetze vom Jahre 1848 gelüstet. Weil aber doch nicht wohl Alles wieder rückgängig gemacht werden kann, was unserm Hrn. Gegner absolut nichtig und wirkungslos erscheint, so bietet er als Aus= weg, wenn auch nur der Vollständigkeit wegen, eine

Kirchenverſammlung. Daß er doch die Vollſtän=
digkeit vervollſtändigt und angedeutet hätte, wel=
cherlei Kirchenverſammlung die ſeinige etwa ſein möchte!
So aber müſſen wir ihm leider mit Spiegelberg im
Karl Moor zurufen: Dein Regiſter hat ein Loch!
oder mit Göthe: „Die Mißverſtändniſſe kommen da=
her, daß man den andern nicht verſteht.‟ Oder ver=
ſteht unſer Hr. Gegner unter ſeiner Kirchenver=
ſammlung, eine Art Proteſtanten=Verſammlung vom
22. April 1860? Oder gar eine, wie die am 2. Mai
1849 zu Kaiſerslautern geſchehene, wo man alsbald die
Wahl eines Landesvertheidigungs=Ausſchuſſes vornahm?
Er ſcheint ſeinen verehrten Leſern die Wahl gelaſſen zu haben.

Was ſchließlich die Abſetzungsgeſchichte des Pfarrer
Schmitt betrifft, ſo ſind wir nicht im Falle, die Akten
zu kennen. Nur ſo viel haben wir von Bekannten des
fraglichen Pfarrers vernommen, daß derſelbe antwortete:
Hängt man mir den Brodkorb höher, ſo eß
ich Kuchen!

V.

Die Meiſten richten mich nach ſich, die We=
nigſten nach mir: Wer richtet mich denn
nach der Wahrheit?
H. W. Smier.

Hamann ſchreibt einmal einem Freunde: Die
Leute reden von Vernunft, als wenn ſie ein wirkliches
Weſen wäre, und vom lieben Gott, als wenn ſelbiger
nichts als ein Begriff wäre. Von Mendels=
ſohn wiſſen wir, daß er weder Moſi noch den Pro=
pheten glaubte, obgleich er ſie beide überſetzte. Mit
ſolchen Leuten aber ſollte man über geiſtliche und gött=
liche Dinge gar nicht disputiren. Je mehr man
Worte mit ihnen verliert, deſto mehr gewinnen ſie An=
laß zum Widerſpruch. Wer nicht im Glauben an das
Wort Gottes lebt, wird nie und nimmer den rechten
Verſtand deſſelben ergründen. Will er nun gar Andern

dazu verhelfen, so erfüllt sich das Wort: Mag auch
ein Blinder einem Blinden den Weg weisen!
Und doch sind es zumeist solche Blindeleiter, die sich im
gegenwärtigen Kirchenstreite als die großen Lehrre-
genten geberden. Solchen Leuten gegenüber haben wir
weniger den neuen Katechismus und das neue Gesangbuch zu vertreten, als vielmehr den alten Katechis=
mus und das alte Gesangbuch gegen ihre Lehr-
weisheit zu vertheidigen. Ja, wir wollten Gott danken,
wenn sie mit ihrem Glauben wirklich in jenen älteren
Büchern stünden. Wie der Hr. Gegner des neuen Gesangbuchs zu dem alten gestanden habe, geht aus seiner
Schrift nicht ganz klar hervor, es wäre jedoch nicht
uninteressant, davon Kenntniß zu haben; Betreffs des
Hrn. Kurier ist dies leichtlich zu erfahren. Daß aber
Leute, die weder aus dem neuen noch aus dem
alten Gesangbuche singen, uns Andern vor-
schreiben dürften, was wir zu singen haben, die wir
sowohl aus dem alten Gesangbuche gesungen haben,
als aus dem neuen singen, geht wahrhaftig über
das Bohnenlied!

Da stellen sie sich hin auf offenen Markt und reden
von der guten alten Zeit, bevor Dr. Rust in's Consistorium getreten, und vergessen ein über das andere
Mal, wie einer ihrer gefeiertsten Wortführer selbst
diese gute alte Zeit abconterfeit hat. Derselbe aber
bezeugt von jener Zeit vor Dr. Rust's Eintritt
in's Consistorium, daß das Kirchenregiment allzu-
schlaff, die Verwaltung zum Theil sogar sehr
nachlässig geführt wurde, so daß die Pfarr-
wittwenkasse einen sehr bedeutenden Verlust
erlitt; daß auch in Ueberwachung der Geistlichen große Schlaffheit stattfand, daß Verord-
nungen gegeben und wenig darnach gefragt
wurde, daß unwürdige Geistliche eben nicht son-
derlich beunruhigt wurden, daß kaum einer einmal abgesetzt wurde, dessen scandalöses Leben

eine, so zu sagen, klassische Berühmtheit erlangt
hatte, aber erst, nachdem er Jahre lang das
Mährchen der Gegend war; daß es bei einem
großen Theil der Geistlichkeit an Eifer und regem
Leben mangelte, daß im Allgemeinen viel falscher
Rationalismus, Flachheit, Seichtigkeit und
Mangel an theologischer Bildung herrschte; daß
nicht leicht Einer durchs Examen fiel, daß es
aber oft völlige Ignoranten bestanden; daß
unter diesen Umständen das religiöse und kirch=
liche Leben in den Gemeinden begreiflicher Ma=
ßen nicht sehr gefördert wurde, daß es vielmehr
vieler Orten in einen ziemlichen Schlaf gerieth,
daß namentlich in den Städten die Unkirchlich=
keit auffallend zunahm, daß mit Ausnahme von
Speyer in allen übrigen Städten und Städt=
chen der Pfalz der Kirchenbesuch ein exempla=
risch schlechter war, daß selbst auf dem Lande
kein reges kirchliches Leben herrschte, daß die
Theilnahme an besonderen kirchlichen Anstal=
ten nicht angeregt wurde und daß z. B. die Sache
der Mission, welche in fast allen protestanti=
schen Ländern einen neuen Aufschwung
nahm, der Pfalz so fremd blieb, daß die Ge=
meinden gar keinen Begriff davon hatten, nicht
einmal die Sache dem Namen nach kannten,
nicht einmal davon wußten, daß auch in den
fernen Heidenländern etwas für die Ausbrei=
tung des Christenthums geschehe, daß summa
summarum das kirchliche Leben in der Pfalz
unleugbar in einem sehr eingeschlafenen Zu=
stande war und daß man dabei sich gar nicht be=
wußt war, daß es nicht stehe, wie es stehen solle.

So schildert Hr. Pfr. Franz von Ingenheim
den Zustand der pfälzischen Kirche vor dem Eintritte
Dr. Rust's ins Consistorium zu Speyer. Aehnlich lauten
seine Urtheile über den alten Katechismus und das

alte Gesangbuch. Gleichwohl behauptet Hr. Gegner, nachdem der alte Katechismus Lehrern und Schülern zur unerträglichen Last geworden, daß der neue allenthalben mit Mißfallen aufgenommen wurde. Wir dagegen, soweit unsere Wissenschaft reicht, können ihn auf Ehre und Gewissen versichern, daß so ziemlich das Gegentheil statt hatte und zwar sowohl bei Lehrenden wie bei Lernenden. Davon ist heute noch Kunde zu erlangen, aber nicht bei den protestantischen Männern, die wir noch näher kennen zu lernen Gelegenheit haben werden. Protestantische Männer gab es übrigens längst, wie schon aus obiger Schilderung erhellt, vor dem von unserem Hrn. Gegner so kräftig befürworteten protestantischen Vereine. Wir hatten einmal, es war in den 30er Jahren, mit einem solchen Manne Disput bekommen, und zwar vor Zeugen, die heute noch leben. Der protestantische Mann, der noch dazu ein graduirter Herr war, folglich Gymnasium und Universität absolvirt hatte, behauptete mit Hartnäckigkeit, das sei der Unterschied zwischen Protestanten und Katholiken, daß diese an die Gottheit Christi glauben, welche jene verwerfen. Ja, vorigen Herbst vernahmen wir ein Geschichtchen aus glaubwürdigem Munde, das einen noch viel deutlicheren Ton gibt. Es ereignete sich in jener Stadt, die wir nicht gerade nennen wollen, die sich aber unter andern auch dadurch gekennzeichnet hat, daß sie, gelegentlich des Schillerfestes, dem großen Dichter zu Ehren, ihren bisherigen „Eselspfad" in „Schillerpfad" und ihren bisherigen „Viehberg" in „Schillerberg" umtaufte. In eben selber Stadt, die es noch heute nicht vergessen kann, daß sie einmal eine Hochschule hatte, und darum noch immer gerne hohe Schule spielt, gipfelt bekanntlich auch der Gesangbuchsspektakel. Das Geschichtchen aber lautet folgendermaßen:

Ein Fruchthändler vom Lande kommt an einem Markttage in ein Wirthshaus selbiger Stadt und wird alsbald ausgescholten ob des neuen Gesangbuchs, als dessen Liebhaber er sich zu erkennen gibt. Zu dem, der am

frechsten rabotirte, sprach der Fruchthändler, auf seine
Geldkaße klopfend: die ist dein, wenn du auch nur
ein Unser Vater beten kannst! Der Lästerer
konnte es nicht. Als man ein anderer, etwas noblerer
Herr, den vorigen entschuldigen wollte damit, daß er
in seiner Jugend nur selten eine Schule besuchte — da
schnallte der Fruchthändler seine Geldkaße los, warf sie
auf den Tisch und erwiederte: dies Alles (es sollen
500—600 fl. gewesen sein) ist dein, wenn du den
apostolischen Glauben aufsagen kannst. Aber
auch der noblere Herr konnte nichts. Gerade aber in
dieser so sehr aufgeklärten Stadt hat das neue Gesang=
buch seine meisten und heftigsten Gegner. Ist's zu ver=
wundern? Hätte jene Stadt und der Kurier, der Ihr
Sohn ist, den Spektakel nicht angefangen, er wäre sicher
gar nicht zu Stande gekommen.

Aber noch mehr. Von einer Anzahl Fami=
lienväter wird eine Eingabe an das kgl. Sub=
rectorat der Lateinschule in Neustadt beschlossen,
verabfaßt und verabreicht, die sich gegen alle Grund=
lehren des Christenthums, nämlich gegen den dreiei=
nigen Gott, gegen die Gottheit des Erlösers,
gegen die Erbsünde, gegen die Auferstehung des
Leibes ꝛc. in wegwerfendster Weise ausläßt und, weil
das neue Gesangbuch diese christlichen Grundwahrheiten
bekennt, auch gegen dieses protestirt. Sollte man sich
nicht gemüßigt finden, gegen solchen Aberwitz und Un=
glauben den alten Katechismus und das alte Ge=
sangbuch in Schutz zu nehmen, welche beide jene
Wahrheiten nicht in Abrede stellen? Zum Ueberfluß
und zur Probe vergleiche der Leser im Katechismus
Frage 94, 95, 96, 107, 108, 120, 334, im Gesang=
buche Nro. 223, 519, 226, 229 — Nro. 148, 107,
500, 512, 75, 121, 78, 80 — Nro. 89, 65, 214,
66, 67, 90 — Nro. 110, 118, 120, 429, 430 ꝛc.
Und solchen Widersachern des alten Katechismus
und des alten Gesangbuchs redet unser Hr. Gegner

das Wort, ja theilt wohl auch ihren Standpunkt! Oder
was anderes hieße es, wenn er gegen den Schluß seiner Schrift sich vernehmen läßt: „Am Ende der Dinge
kann man doch nicht hoffen, mit mittelalterlichem Gebahren und überlebten Anschauungen der Erziehung
einer Generation zu genügen, deren geistige Lebensbe-
dingungen ganz andere geworden sind. Wollte man
annehmen, daß es den Zionsmännern gelingen werde,
das religiöse Bewußtsein der Pfalz, wie es im Laufe
der Zeiten sich entwickelt hat, zur Umkehr zu bringen,
so würde im besten Falle ein verkrüppeltes Geschlecht,
gebrochen an Geist und Gemüth, die Rebenhügel der
sonnigen Pfalz umwohnen rc."

    Wir haben bereits hinlängliche Exempel dieses
religiösen Bewußtseins gegeben und entgegnen
dem geistreich sein sollenden Passus mit den Worten
eines wirklich geistreichen Mannes: „Habe ich irgendwo
gefehlt, so ist es darin, daß mein Schmerz und Un-
wille über das Unheil, in welches so Viele gestürzt
werden, noch nicht groß genug ist."

VI.

Nicht deine Sprache, nicht meine; nicht deine
Vernunft, nicht meine — hier ist Uhr
gegen Uhr: die Sonne gibt allein recht
und ihr Mittagsschatten ist's, der die
Zeit über allen Streit eintheilt.

J. G. Hamann.

    Die heilige Schrift ist, wie unser Hr. Gegner zu-
gesteht, unserer unirten Kirche alleiniger Glaubensgrund. Sie ist aber auch der Glaubensgrund der
ganzen evangelischen Kirche, und die einige
Regel und Richtschnur, nach welcher alle Lehren und Lehrer gerichtet und geurtheilt werden sollen und darum, aber auch nur darum,
weil die vereinigte Kirche auf diesem Grunde steht, ist
sie ein Theil und Glied der evangelischen Gesammt-

Kirche. Die vornehmsten Lieder in unserem neuen Ge=
sangbuche finden sich mehr oder weniger in allen besseren
Gesangbüchern dieser evangelischen Kirche, und so ist
dieses Gesangbuch ein neues Band, welches den Theil
mit dem Ganzen verbindet. Es kann sich getrost jedes
Lied dieses Gesangbuches nach der einigen Regel und
Richtschnur unserer Kirche richten und urtheilen lassen.
Woher nun der Widerspruch? Um von dieser Haupt=
frage abgleiten zu können, beschäftigt sich Hr. Gegner
mit Nebenfragen. Denn das ist doch offenbar eine
Nebenfrage, ob 500 oder 1000 Lieder? Hr. Gegner
wäre gegen die 500, wie er gegen die 1000 ist, wenn
sie Christum bekennen. Und umgekehrt, wären's 1000
in seinem Sinn und Geist, so wünschte er sich mög=
licherweise noch einige 100 hinzu. Es ist nichts an=
deres, als das evangelische Bekenntniß, woran er
sich stößt und das er nicht leiden mag.

Er schreibt: „Auf eine Prüfung des neuen Ge=
sangbuch)s dürfen wir hier nicht eingehen, können uns
jedoch der Aufgabe nicht entheben, dem Leser mindestens
zur Charakteristik desselben einige Proben vorzulegen 2c."
Warum wohl darf er auf eine Prüfung nicht ein=
gehen? Er fühlt, daß solche Prüfung auf Grund des
Wortes Gottes gegen ihn und für das neue Gesang=
buch ausfallen würde. Ist nun aber seine Rede die
eines ehrlichen Mannes? Und wer zwingt ihn,
Proben zu geben außer allem Zusammenhange? Prof.
Harleß in Erlangen hat einmal im Colleg gesagt:
Wenn Jemand dem Vogel eines anderen Erdtheils ein
Federchen auszöge und käme damit zu uns und spräche,
„sehet, was für ein Vogel!", so verriethe solch' Vor=
nehmen entweder Dummheit oder Bosheit. — Macht's
unser Hr. Gegner im Geringsten anders? Wollte und
dürfte man also verfahren — was wäre nicht Alles
aus der Bibel zu machen? Man theile z. B. nur den
Einen Spruch (Eccl. 11, 9): „So freue dich, Jüng=
ling, in deiner Jugend und laß dein Herz guter Dinge

fein in deiner Jugend. Thue, was dein Herz gelüstet und deinen Augen gefällt und — — wisse, daß dich Gott um dies Alles wird vor Gericht führen." Welch' scheinbar entgegengesetzter Inhalt in den beiden Hälften dieses Verses, und doch welch' herrlicher Einklang und Zusammenhang! Solch unrichtiges und ungerechtes Verfahren stößt aber Hrn. Gegner nicht, wenn's nur dazu dient, das verhaßte Buch recht verächtlich zu machen! Man sagt wohl den Jesuiten nach, daß sie kein Mittel zum Zwecke scheuen; jesuitische Gesinnung aber scheint so wenig als pharisäischer Dünkel an einen Orden gebunden zu sein.

Wie arm unser altes Gesangbuch war, erhellt schon aus dem gedoppelten Umstande, einmal, daß in vielen Kirchen des Landes seit Jahrzehnten nicht viel mehr als ein halbes Hundert Lieder aus demselben gesungen worden, in den allermeisten aber mehrere Hunderte von Nummern wohl niemals in Gebrauch kamen; sodann, daß gerade die ehrwürdigsten und herrlichsten Lieder der evangelischen Kirche demselben ganz fehlen, darunter das allbekannte Lutherlied: „Ein feste Burg ist unser Gott." Ja es dürfte von solcher Armuth kaum ein Kirchengesangbuch irgendwo existiren. Man hat dies auch je und je allgemein anerkannt. Woher nun die gegenwärtige Opposition? Auch dem Kurzsichtigsten kann es nach den neuesten Vorgängen nicht mehr entgehen, daß sich die Opposition gegen das Christenthum überhaupt hinter der Opposition gegen das neue Gesangbuch verbirgt. Wir müssen auf dieser Anschauung um so mehr und auf so lange bestehen, als nicht erwiesen werden kann und will, daß das neue Gesangbuch nicht im vollsten Einklange stehe mit dem Worte Gottes, dem alleinigen Glaubensgrunde unserer Kirche. Eine andere Vertheidigung des angefeindeten Buches bedarf es um so weniger, als der Gegner Gegründetes gegen dasselbe vorzubringen nirgends im Stande ist. Doch die Zionsmänner mit

ihren überlebten Anschauungen drohen ihm, das ganze
Geschlecht zu verkrüppeln, das die Rebenhügel der
„sonnigen Pfalz" unwohnt.

Es obliegt uns die Ehre, die also verdächtigte
Pfalz entschiedenst in Schutz zu nehmen, und das aus
mehr als einer 25jährigen Erfahrung. Das vorgeb-
liche „religiöse Bewußtsein", das die wichtigsten bibli-
schen Glaubenswahrheiten über Bord wirft, wie die be-
sprochene Neustadter Eingabe thut, eignet höchstens
einem Bruchtheile der pfälzischen Bevölkerung. Doch
wollen wir dem Gegner für seine Aufrichtigkeit unsern
Dank nicht weigern, wenn auch sein Vorgeben nicht ge-
gründeter ist, als das des Kuriers, der dem religiösen
Memorirstoffe die Schuld beimißt, daß mehrere 100
Rekruten des vorigen Jahres nicht sattsam lesen, schreiben und rechnen konnten. Warum hat er die Schuld hie-
von nicht lieber dem neuen Gesangbuch aufgebürdet?
Das verkrüppelte Geschlecht aber, das unser Hr.
Gegner schon im Geiste die Rebenhügel der „sonnigen
Pfalz" umwohnen sieht, dürfte in seinen überlebten
Anschauungen und seinem religiösen Bewußt-
sein so ziemlich dem gleichen, mit welchem ein Gustav
Adolf uns unsere evangelische Glaubensfreiheit erkämpft
hat; oder dem, das uns im Jahre 1849 unter dem
Prinzen von Preußen Erlösung vom Hecker-Regi-
mente brachte, oder wohl auch dem, das Fürst Taxis
aus den jenseitigen Kreisen herüberführte, um Ruhe und
Ordnung herzustellen. Ungleich richtiger verstünde ihr
Herren unter dem verkrüppelten Geschlechte eure
Freischaren und Sensenmänner, die vor jenen erdich-
teten Krüppeln so bereitwillig Fersengeld zahlten, daß
es gar keines Geldhebers bedurfte. Das waren freilich
hehre Mannen nach eurem religiösen Bewußtsein! Eine
andere Frage aber ist, wie sie zu dem alleinigen Glaubensgrunde unserer unirten Kirche standen. Es kann
unter dem gemeinen mittelalterlichen Gebahren
und den überlebten Anschauungen nichts anderes

verstanden werden, als das Christenthum der Bibel, das unsere Reformatoren in seiner Lauterkeit wieder auf den Leuchter der Kirche stellten und wofür unsere Väter ihr Gut und ihr Blut eingesetzt haben. Dieses und kein anderes Christenthum ist es, wogegen man ankämpft und wofür wir einstehen und mit Gottes Gnade einzustehen nicht wollen aufhören, so wahr der alleinige Glaubensgrund unserer Kirche das Wort Gottes ist!

Die Gegner wenden auch vor, mit ihrem Widerspruche gegen das Wort Gottes und ihrer Fehde gegen Pfaffen und Mucker die Staatsgewalt stützen und kräftigen zu wollen. Nun, Anno 1832 haben sie ihr Lehrlingsstück versucht, Anno 1849 ihr Gesellenstück geliefert, und Anno 1861 dürfen wir unter Umständen vielleicht des Meisterstücks gewärtig sein. Dann wird denn die Staatsgewalt vollends gekräftigt sein. Wenn euch, ihr Herren, die Staatsgewalt, die ihr gegen uns herausfordert, nicht in Bälde durchschauen lernt, dann scheint sie wahrhaft mit Blindheit geschlagen. Schon wanken vor dem Majoritäten-Schwindel die Fundamente jeglicher Autorität.

Zur Selbstbespiegelung sei dem Gegner noch ein Wort Dr. Schenkel's vorgehalten, das er an einen Advokaten des Deutschkatholizismus richtete und das also lautet: „Wie die Familie nicht besteht ohne die Autorität so auch nicht das Volk; und Niemand trägt mehr dazu bei, die echte Volksthümlichkeit zu untergraben, und aus der harmonischen Gliederung der staatlichen und kirchlichen Einrichtungen einen Brei von vielerlei Ansichten und Meinungen zu Wege zu bringen, die nie und nimmer unter einen Hut gehen wollen, als diejenigen, die an allen Autoritäten rütteln und dem Subjekte zu so vielen Berechtigungen verhelfen wollen, daß zuletzt Volk, Staat und Kirche rechtlos dasteht. Jede Kirche ruht aber, und zwar noch weit mehr als der Staat, auf dem Princip der Autorität!"

VII.

Es kann der Spötter leicht die Wahrheit
Lügen heißen,
Allein er kann es nicht beweisen.
Italia.

Die Schrift unseres Hrn. Gegners ist zunächst gegen die Hierarchie gerichtet, denn sie nennt sich: „Eine übersichtliche, historisch-kritische Darstellung des Kampfes der vereinigten protestantischen Kirche der bayerischen Pfalz mit der Hierarchie." Ein fettes Thema das! Sehen wir ab von den ausgesuchten Ehrennamen, womit die Hierarchen vom Hrn. Gegner gefeiert werden, wie „Klerokratie, priesterlich Joch, finstere Priesterherrschaft ꝛc. ꝛc.", die für die pfälzischen Verhältnisse so ziemlich wie die Faust aufs Auge passen, und sehen wir den vermeintlichen Hierarchen schärfst auf die Finger.

Unter Hierarchie versteht man nach protestantischem Sprachgebrauche nicht mehr und nicht weniger, als die Willkürherrschaft der Geistlichen. Wo aber ist solche in der „sonnigen Pfalz am Rheine" zu suchen oder zu finden? Danken die neue biblische Geschichte, der neue Katechismus, das neue Gesangbuch ihr Dasein solcher Willkürherrschaft? Das kann der Unverstand behaupten, vermag aber auch der Verstand der Verständigsten nicht zu beweisen. Denn nicht bloß der Glaubensgrund, sondern auch das **Reichsgrundgesetz** im tiefsten und höchsten Sinne des Worts ist in unserer vereinigten Kirche die Bibel und nichts als die Bibel. Darauf sind alle Geistlichen ohne Ausnahme und Unterschied verpflichtet als vor Gott. Wer gegen dieses Reichsgrundgesetz sündigt, ist vor die Thür zu setzen. Aber man scheint ungleich lieber denen die Thüre weisen zu wollen, die mit diesem Reichsgrundgesetze stehen und fallen. Und darum werden sie nicht fallen, **so wahr Gott Gott ist und sein Wort!**

Verba docent, exempla cogunt, sagt Balde.
Und weil Schreiber denn doch einmal bei der Gegner=
schaft für einen Hierarchen gilt, so will er sich selbst,
unus instar omnium, zum Exempel bieten, indem er
alle Einsichtigeren um Entschuldigung bittet, wenn er
jetzt in Thorheit (2. Kor. 12, 16) redet. Die Her=
ausforderung geschieht zu frech und öffentlich, als daß
nicht wenigstens Einer den Fehdehandschuh aufheben
sollte. Es geschehe ohne Falsch und Hehl, dem
Stande zu Liebe, der Wahrheit zur Ehre, dem
Teufel zum Trotze.

Vorigen Herbst, am Reformationsfeste, war es ein
Vierteljahrhundert, daß Schreiber der pfälzischen Kirche
zugehört. Er amtirte während dieser 25 Jahre als
Hauslehrer, Vikar, Pfarrverweser und Pfarrer in Ker=
zenheim, Laumersheim und Dirmstein, Iggel=
heim und Schifferstadt, Zell und Harrheim,
Mittelbrunn und Gerhardsbrunn, Herschberg,
wieder in Iggelheim und Schifferstadt und der=
malen in Westheim. In 25 Jahren muß der Hie=
rarch sich herausstellen, zumal unter so verschiedenen
Verhältnissen, in so außerordentlichen Zeiten und in so
unterschiedlichen Umgebungen, wenn er nicht der aller=
abgefeimteste Heuchler ist. Heuchler aber wurde Schreiber
bisher weder von Freund noch Feind gescholten, wohl
aber nicht selten für einen nur zu deutschen Michel aus=
gegeben. Und so gehe man nun hin in genannte Ge=
meinden, wohin ja der Weg nicht so sehr weit ist, und
halte in jeder derselben Umfrage bei Presbyterien, Lehrern
und Ortsvorständen bis zum letzten Bettler herab, was
denn für Willkürherrschaft Schreiber je ausge=
übt habe? Man frage die Leute scharf aufs Gewissen
und bringe das Resultat alsobald zur öffentlichsten
Kenntnißnahme. Damit schlägt man zwei Mücken mit
einer Klappe, indem man den Hierarchen entlarvt und
zugleich die möglichste Widerlegung vorliegenden Schrift=
chens gibt. Ist es auch sonst nicht just Mode, daß

man dem Gegner die Wälle öffnet und in die Gräben einläßt: Schreiber thuts mit frohestem Muthe, denn er weiß die Festung gesichert. Ja, um den Gegner recht sehr gierig und lüstern zu machen, verbindet er mit seiner Aufforderung das Anerbieten, sante pede sein Amt niederzulegen und der sonnigen Pfalz am Rhein den Rücken zu kehren und zu dem verkrüppelten Geschlecht jenseits überzusiedeln, sobald man ihn auch nur eines einzigen Falls von Willkürherr-schaft überführt.

Und weil nun Schreiber einmal im Zuge ist, so geht er noch einen Schritt weiter. Zu den giftigsten und schmutzigsten Anfeindungen, die der Kurier über seiner Pfaffenhatze immer und immer wieder gegen die „frommen Herrn" vorbringt, und was diese zu den gemeinsten Miethlingen und charakterlosesten Wichten stempeln müßte, wäre es in der Wahrheit begründet, gehört die ihnen schuld gegebene Pfründenjagd. Es ist auch in der That nichts geeigneter, den Geistlichen in den Augen der Gemeinde herabzusetzen und ihn als Miethling erscheinen zu lassen, als solch ein Vor-wurf. Es fällt uns nicht ein, in Abrede stellen zu wollen, daß es auch unter den Geistlichen Miethlinge gebe, aber es gibt deren in jedem Stande. Ist übrigens das schon etwa Miethlingssinn, wenn ein vermögens-loser Geistlicher aus Rücksichten auf seine Familie um eine bessere Stelle sich bewirbt, vorausgesetzt, daß er sich treu erfinden läßt? Es sollte allerdings nicht so sein, denn jeder Amtswechsel, sagt Chr. Palmer, „gleicht fast dem Schließen einer zweiten Ehe, nur daß hier kein Tod und keine Scheidung voranging." Aus diesem Grunde hält auch Schreiber die hier zu Lande und anderwärts übliche Beförderungsordnung nicht für normal, sondern pflichtet Luthern bei, daß der Geist-liche auf seiner Stelle in Ruhe zuwarten solle, bis ein Ruf an ihn ergeht, in dem er einen Ruf Gottes an ihn zu erkennen vermag.

Und so hat es Schreiber an seinem Theil wirklich bis=
her gehalten, ohne deßhalb Andere auch nur von ferne
tadeln zu wollen, die anders gethan. (Zum Ueber=
flusse erlaubt man sich noch zu bemerken, daß nach An=
gabe eines vieljährigen Freundes von Pfarrer Roos,
Schreibers hiesigen Amtsvorgängers, [vergl.: Meine
Erinnerungen an die Rheinpfalz, dem Andenken an L.
Roos, von Karl Kuntz, Straßburg 1859], die hiesige
Stelle nach einem etwa 16jährigen Durchschnitte, Pfarr=
haus und Pfarrgarten mit eingeschlossen, eine Besold=
ung von circa 900 fl. ausgeworfen habe.)

Und weil man gerade den vorgeblichen Gegnern
der Union im Brode der Union, deren es jedoch
keine hat, Pfründenjagd und Miethlingssinn Schuld
gibt, so verweist Schreiber, dem über sein Verhalten
zur Union ein eignes Urtheil nicht zusteht, auf sein
Schriftchen: „Ob einerlei oder zweierlei Rede? Ein
offenes Wort für die Union in der Pfalz, Speyer 1854."

Man pflegt zwar noch einen Vorwurf den schrift=
gläubigen Geistlichen in der Pfalz zu machen, der ob=
wohl über die Maßen abgeschmackt, gleichwohl ein gläu=
biges Publikum zu finden scheint, den Vorwurf näm=
lich, „daß sie mit vollen Segeln auf das römische Lager
losteuern." Und da dem Gegner wohl längst ausge=
macht und erwiesen ist, daß der Weg nach Rom über
Herrnhut führt, so übrigt gar kein Zweifel, daß die
protestantische Pfalz, wenn sie sich nicht alles Ernstes
vorsieht, demnächst durch die mittelalterlichen Zions=
wächter wird katholisch gemacht werden. Schreiber will
nicht nochmals auf oben genannte Gemeinden verweisen,
noch auf sein geschriebenes Wort sich berufen, obgleich
beides wohl geeignet wäre, dem Gegner gründlichst das
Maul zu stopfen. Statt dessen legt er hier ein ganz
anderes Bekenntniß nieder, das nämlich, daß ihm, trotz
all seines Eifers für Wahrheit und Recht des evan=
gelischen Protestantismus, ein rechtschaffener Katholik,
der treu an den Satzungen seiner Kirche hält, ungleich

ehrenwerther erscheint, als ein sogenannter protestan=
tischer Mann, der Bibel und Christum verwirft. Und
hiermit Punktum!

VIII.

**Es gibt keine Kirche ohne göttliche Autorität,
und eine Kirche wird nur in dem Falle
als solche Fortbestand haben, wenn sie
sich in dieser Autorität zu erhalten weiß.**

Dr. Schmid.

Die Liebhaber des neuen Gesangbuchs, behauptet
unser Hr. Gegner, sind „einige kleine separatistische
Kreise," während der „protestantische Verein bald nach
Tausenden gezählt werden mußte." Hierauf wäre ganz
einfach zu erwidern, daß die Wahrheit Gottes noch nie
beim großen Haufen zu finden war, wie die ganze Kir=
chen=, Reformations= und Missions=Geschicht klärlich be=
weist. Und so wirds wohl auch bleiben bis ans Ende
der Tage laut der heiligen Schrift, dem alleinigen
Glaubensgrunde unserer unirten Kirche. Gleichwohl
wollen wir uns erlauben, die verketzerten etlichen Se=
paratisten und gerühmten Tausende von protestan=
tischen Männern etwas genauer anzusehen. Da je=
doch die menschliche Kurzsichtigkeit Niemanden ins Herz
zu schauen vermag, so thun wir nach dem Ausspruch
des Meisters: „Ein jeglicher Baum wird an seiner
eigenen Frucht erkannt."

Ein Separatist ist, wie schon das Wort deut=
lich genug besagt, ein solcher Christenmensch, welcher sich
vom öffentlichen Gottesdienste der Kirche zu=
rückzieht. Solche Separatisten aber hat es zunächst
und zumeist in den Kreisen der sogenannten prote=
stantischen Männer, und hat sie dort gehabt in
der Blüthezeit des alten Gesangbuchs, wie es sie jetzt
hat, seit wir aus dem neuen singen. Außerdem haben
wir höchstens noch von etlichen pfälzischen Separatisten
in Langmeil gehört, mit denen wir aber hier nichts zu

schaffen haben und von denen wir auch nicht einmal wissen, ob sie Liebhaber des alten oder neuen Gesangbuchs sind. Da jedoch nicht anzunehmen ist, daß unser Herr Gegner die von ihm so hochverehrten und hochgepriesenen protestantischen Männer Separatisten werde schelten, so hat er offenbar andere Leute im Sinne. Doch, was bedarf's vieler Umschweife? Seine Separatisten sind keine andern, als unsere erweckten, lebendigen, ernsteren Christen, die am allerfleißigsten zur Kirche kommen und sich nur von der Welt und ihrem wüsten Treiben zurückziehen. Seine Separatisten sind keine andern, als die sich Anno 1848 und 49 vom Revolutionsmachen zurückgezogen haben und ihrem Könige und Herrn getreu geblieben sind. Seine Separatisten sind keine andern als diejenigen, welche den evangelischen Verein ins Leben gerufen, die beiden Rettungshäuser für verlassene und verwahrloste Kinder in Haßloch und Rockenhausen gebaut, ein evangelisches Diakonissenhaus gegründet, die evangelische Heidenmission gepflegt ꝛc. und für diese Zwecke seit dem Jahre 1848 über 100,000 fl. — sage: **hunderttausend Gulden** gesteuert haben. Nun, wenn das nur so etliche Separatisten thaten, so hab ich meines Theils allen möglichen Respekt vor solchen glaubensfreudigen und opferfähigen etlichen Separatisten. Sie nicht auch, geehrtester Herr Gegner? Verstellen Sie sich nicht und geben sie der Wahrheit die Ehre! Oder haben sie in Ihrem Lager der protestantischen Männer vielleicht auch so etwas dergleichen anzuweisen. (Der Gustav-Adolph-Verein gehört bekanntlich schon aus dem Grunde nicht hieher, weil er ein völlig neutrales Gebiet behauptet und die vermeintlichen Separatisten für denselben nicht minder steuern, als ihre Gegner.) Was doch die Gegner im protestantischen Verein für Glaubenshelden und Liebespfleger sind! Dieser Verein, der bald nach Tausenden gezählt werden mußte, hat bis

zur Stunde noch nicht ein einziges verlassenes
Kind unterzubringen vermocht, obgleich diese Unter=
bringung zur statutenmäßigen Aufgabe selbigen
Vereines zählt! Schämt euch, ihr Herren, und geht
nach Jericho, bis euch der Bart wachse, sodann
kommt wieder!

Unser Hr. Gegner schreibt weiter: „Es zeigt einen
Zustand schwerer Krankheit der Kirche, wenn ein solcher
Verein (scil. der prot.) von vorzugsweiser religiöser
Natur nicht allein ohne alle Mitwirkung der Geistlichen
entsteht, sondern sogar als gegen die geistlichen Gewalt=
haber gerichtet angesehen werden mußte". Und an einer
andern Stelle sieht Hr. Gegner in dem fraglichen Ver=
eine „eine Schutzmauer für die Vereinigungs=Urkunde",
deren wichtiger Paragraph festgestellt, daß die heilige
Schrift der alleinige Glaubensgrund der verei=
nigten Kirche sei. Und für diesen Glaubensgrund
bildet demnach der protestantische Verein die
Schutzmauer! Difficile est, satyram non scribere.
Wir halten unsern Hr. Gegner für so gescheidt, daß
wir ihm ungescheut in's Angesicht sagen, daß er entwe=
der nicht gewußt oder geglaubt, was Zeug er da geschrieben.

Der protestantische Verein bedarf nicht un=
serer besondern Zeichnung, er hat sich bereits mehr als
sattsam selbst gezeichnet. Man denke nur an die Ein=
gabe an das königl. Subrektorat der Lateinschule zu
Neustadt! Diese Eingabe hat der protestantische
Verein in Tausenden von Exemplaren besonders ab=
drucken lassen und an alle seine Mitglieder im Lande
versandt, was deutlich bezeugt, daß der ganze prote=
stantische Verein nicht mehr an den dreieinigen Gott,
nicht mehr an die Gottheit des Erlösers, nicht mehr an
die Auferstehung des Leibes x. x. glauben will oder
glauben soll. Wir nehmen Gott und die Welt, wir
nehmen alle theologischen Fakultäten, wir nehmen die
ganze christliche Kirche aller Confessionen und aller Jahr=
hunderte zu Zeugen, ob und wie ein solcher Verein

eine Schutzmauer sein soll für eine Kirche und Urkunde, die als alleinigen Glaubensgrund die
heilige Schrift anerkennt! Und der solch Zeug
schreibt gegen die Hierarchie, nennt sich einen unbe-
fangenen Beurtheiler unserer kirchlichen Verhältnisse,
und seine Freunde heißen ihn einen gewiegten Ju-
risten und geben seinem Schriftchen das Prädikat
der Vortrefflichkeit! Darf es da befremden, wenn
unserem Hrn. Gegner selbiger protestantischer Verein zugleich die conservative Bevölkerung im
strengsten Sinne des Worts ist, weil er ja das
Alte und Hergebrachte will? Darum protestirt
er denn auch ganz consequent, auf Grund der heiligen
Schrift, gegen den veralteten Glauben an den
dreieinigen Gott, an die Gottheit des Erlösers ꝛc. ꝛc.
Was bleibt denn solchen Protestanten vom Christenthume
und vom christlichen Glauben überhaupt noch übrig?
Man müßte sich Sünde fürchten, wenn man solch ein
Vorgeben und Gebahren nach Würden bezeichnen wollte. —
Wir müssen den Gegner in noch einige Schlupf-
winkel verfolgen. Während er seinen protestantischen
Verein für die Urkunde mit dem alleinigen Glaubensgrunde der heiligen Schrift so männlich und ritter-
lich einstehen läßt, will es fast scheinen, als ob er das Kirchenregiment, hier vorzugsweise das Oberconsistorium in
München für die pfälzischen Revolutionsjahre
1848 und 1849 mit verantwortlich machen möchte.
Oder was soll es denn heißen, wenn er schreibt: „So
war die Lage der pfälzischen Kirche beschaffen, als das
verhängnißvolle Jahr 1848 hereinbrach, und wer das
damalige Auftreten der pfälzer Bevölkerung richtig be-
urtheilen will und Alles, was im Jahre 1849 erfolgte,
darf nicht, wie dies gewöhnlich geschieht, seine Aufmerk-
samkeit von der Betrachtung der kirchlichen Zustände
abwenden. Es kennzeichnet aber so recht den tiefen gesetzlichen Sinn der so oft verkannten Bevölkerung der
Pfalz ꝛc. ꝛc." Wer solche Invektiven auszusprechen wagt,

ben sollte man eigentlich gar keiner Antwort würdigen.
Weiß doch alle Welt, daß es gerade nach der Tren=
nung der pfälzischen Kirche vom Oberconsi=
storium in der Pfalz erst recht zu toben begann und
forttobte, bis die „vertbierten" Lohnknechte und Söld=
linge aus Pommern und Altbayern die Schleppsäbelhel=
ben zu Paaren trieben.

Und wie unparteiisch ist nicht Hr. Gegner? Ja,
gerade seine Unparteilichkeit hebt der Kurier beson=
ders hervor. Indeß er die schriftgläubigen Geistlichen
mit den unehrerbietigsten Namen beehrt, als da sind:
Zeloten, Rekruten aus den Hörsälen des Erlanger Or=
thodoxismus, in ihrem Eifer blindgewordene orthodoxe
Eiferer, erheuchelte Freunde des Gesangbuchsentwurfs ec. ec.,
nennt er die Gegner des neuen Gesangbuchs mannhafte
Charaktere, ehrenwerthe Männer, die höchstens darin
gefehlt, daß sie nicht schon vor dreißig Jahren die Be=
völkerung auf den Kampfplatz geführt haben ec. ec."
Daß Dr. Rust nicht zum Besten wegkommt, versteht
sich von selbst. Er ist dem Herrn Gegner und Com=
pagnie der Hauptgegner der Unionsgrundsätze
scil. Leugnung des dreieinigen Gottes ec. ec.; jedoch ist
er ihm das erst geworden, seitdem er „vom rationalisti=
schen zum orthodoxen Eiferer umgesprungen". Gesetzt,
daß dem wirklich so wäre — was wär's, wenn der
Umsprung aus Ueberzeugung geschehen? Hören wir
noch einmal Herrn Professor Schenkel in Heidelberg!
Dieser schreibt im Jahre 1846: „Ich erinnere mich
noch wohl der Zeit, wo ich selbst, durch jugendlichen
Uebermuth verleitet, dieses oder jenes Dogma in der
Kirchenlehre nicht einmal mehr der Beachtung werth fand,
und gerade in der augustinischen Lehre von der Erbsünde
eine Schändung der Menschenwürde erblickte. Wenn ich
jetzt anders hierüber denke, so verdanke ich dies gründ=
licherer Durchdringung des kirchlichen Dogmas und rei=
ferer Erkenntniß des menschlichen Herzens". Das heiße
ich ein ehrenhaftes Bekenntniß gegenüber jener

sogar ungegründeten Anschwärzung! Doch Hr. Gegner und Compagnie scheinen hiefür kein Verständniß zu haben. Um wie viel weniger ehrenhaft nimmt sich's aus, wenn Gegner schreibt: „Es galt als eine Concession gegen die aufgebrachte Stimmung des größten Theils der Geistlichen und der ganzen Kirchengenossenschaft, daß dieser (sc. Dr. Rust) jetzt aus der Pfalz weg zum Oberconsistorium nach München entrückt, einer seiner entschiedensten Gegner, jener im Jahre 1846 suspendirte Geistliche aber, ein mannhafter Charakter von aufopferungsfähiger Hingabe an die Unionsgrundsätze (sc. Leugnung der Gottheit Christi) in sein Amt wieder eingesetzt wurde, letzter freilich, um bald genug wieder entlassen zu werden". Sollte wirklich Hr. Gegner nicht wissen, daß Pfarrer Frantz darum seines Amtes entsetzt wurde, weil er gegen die Truppen seines Königs bewaffnet zu Felde zog? Wußte er es aber, wie es ja alle Welt weiß, warum läßt er ihn denn ob dessen aufopferungsfähiger Hingabe an die Unionsgrundsätze, denn so muß es wohl der größte Theil der Leser verstehen, wieder entlassen werden? Ist das auch ehrenhaft? Oder ist Revolution ein Unionsgrundsatz?

Was schließlich die Besorgniß unseres Hrn. Gegners betrifft, daß die Union in Trümmer gehen möchte, ja gehen müsse, wenn seinen Clienten und Freunden nicht willfahrt wird, so sind wir dieserhalb ganz unbesorgt. Ja, noch mehr: Sollte sich in Wahrheit herausstellen, daß die Union nichts weiter, denn ein Bund sei mit der Leugnung aller christlichen Cardinalpunkte und Fundamentallehren vom dreieinigen Gotte, der Gottheit des Erlösers, der Erbsünde, der Auferstehung des Leibes rc. rc. — wohlan, dann gehe sie in Trümmer, dann ist sie keines besseren Looses werth! Steht sie dagegen auf dem alleinigen Glaubensgrunde der heiligen Schrift, wie dies wirklich der Fall ist, dann hat's keinerlei Noth, dann gilt ihr, was der

42

Kirche Gottes überhaupt gilt und was Merle d'Au=
bigné so schön als wahr ausspricht, wenn er sagt:

„Das Christenthum ist der ewige Fels, gegen den
von jeher umsonst alle Stürme, ihn zu stürzen, angekämpft
haben. Will also irgend Jemand seinem Werke auf
Erden den Charakter einer ewigen Dauer sichern, wohlan!
so setze er's mit dem Christenthum in Verbindung und
es wird das Gepräge der Unsterblichkeit erhalten".

IX.

Die frommen Leute steh'n an stark-gebauter Stützen
Und hoher Pfeiler Statt, die das Gewölbe sind,
So manches Regiment, wenn je ein grimmer Wind
Und Zeitgewalt sich regt, beständig können schützen.

Opitz.

Wir erachteten uns seiner Zeit berufen, kgl. Re=
gierung gegen die Angriffe ihrer Gegner zu verthei=
digen, warum sollten wir uns heute nicht für berufen
erachten, für kgl. Consistorium in die Schranken zu
treten, indeß der Gegner die Maßregeln kgl. Regierung
mit seinem Beifalle übergeifert? Zu diesen Maßregeln
aber zählt vorab der Erlaß vom 12. Dezember 1860,
den der Kurier mit der höhnischesten Schadenfreude
wiedergab, der die Gegnerschaft hie und da zu wahr=
haft revolutionären Auftritten ermuthigte und über=
haupt den neuesten Spektakel mehr oder weniger ver=
anlaßte, sei es auch, daß der betreffende Erlaß gänzlich
mißverstanden oder mißgedeutet wurde. Wir lasen ihn
zum ersten Male im Kaiserslaut. Boten, wo es also hieß:

„In Folge wiederholter Beschwerden ist
ein Regierungserlaß ergangen, laut bessen die
Bürgermeister als Vorstände der Ortsschul=
Commissionen, im Auftrag und Namens der
königl. Regierung sämmtlichen protestantischen
Lehrern, Schulverwesern und Schulgehilfen
jeglichen Zwang bezüglich der Einführung
und Benützung des neuen Gesangbuches bei
Vermeidung strengster Einschreitung unbe=

bingt zu unterſagen und dieß den betreffenden
königl. Diſtrikts-Schulinſpectionen mitzu-
theilen haben."

So der fragliche Erlaß hoher königl. Regierung,
der uns zur Zeit noch nicht durchſichtig genug erſcheinen
will, ja ſogar ſchnurſtracks einer Miniſterial-Entſchließ-
ung vom 21. April 1860 widerſprechen zu wollen
ſcheint, denn in dieſer Entſchließung heißt es ausdrück-
lich: „Es kann daher nicht gebilligt werden, daß Erlaſſe der politiſchen Behörden an jene Schulbehörde unter der Adreſſe eines Mitgliedes derſelben ausgefertigt
werden, wie dieſes von Seite des kgl. Landcommiſſariats
N. N. dadurch geſchehen iſt, daß deſſen Erlaſſe an den
Bürgermeiſter adreſſirt wurden." Wir haben zwar kgl.
Regierung in keiner Weiſe zu richten, aber ein paar
Fragen dürfen wir uns doch wohl erlauben. Wir
fragen aber: Hat nicht kgl. Regierung im Einverſtänd-
niß mit dem kgl. Conſiſtorium unter Ermächtigung des
kgl. Staatsminiſteriums durch Erlaß vom 25. Mai
1859 das neue Geſangbuch für die pfälziſche unirte
Kirche in den proteſtantiſchen deutſchen Schulen eingeführt? Dieſe Einführung hat ſtatt gehabt und hat nir-
gendwo beſonderen Anſtand gefunden. Warum ſoll nun
jetzt, nach Jahr und Tag, ein paar proteſtantiſchen Männern zu lieb, **jeglicher Zwang**, alſo
auch ein blos moraliſcher, ſogar bei Benützung des Ge-
ſangbuchs unterbleiben, und zwar bei Vermeidung
ſtrengſter Einſchreitung gegen die Lehrer? Das
verſtehe, wer kann? Wir behaupten mit bewußteſter
Entſchiedenheit: Ohne jeglichen Zwang kann gar
keine Schule beſtehen, ohne jeglichen Zwang iſt kein
einziges Buch einzuführen oder zu benützen, ohne jeglichen Zwang dürfte nicht der dritte Theil unſerer
Kinder überhaupt nur zur Schule kommen ꝛc. Kgl.
Regierung hat das Geſangbuch ſelbſt in die Schulen
eingeführt: Wie ſoll dieſe ſelbe Einführung ohne jeglichen Zwang jemals durchgeführt werden? Entweder,

oder! Entweder das alte Gesangbuch, oder das neue
Gesangbuch, nimmermehr aber beide, am allerwenigsten
aber in der Volksschule! In einzelnen Gemeinden ist es
bereits dahin gekommen, daß, indem kgl. Regierung
jeglichen Zwang unbedingt untersagt bezüglich
der Einführung und Benützung des neuen Gesangbuchs
bei Vermeidung strengster Einschreitung — der Geg=
ner ohne irgend welche Einschreitung jeglichen
Zwang anwendet, um das durch kgl. Regierung ein=
geführte Gesangbuch abzuthun. Wir reden hier noch
nicht einmal vom Zwang der Eltern gegen die Kinder,
ihren Geistlichen und Lehrern ungehorsam zu sein; wer
aber schützt z. B. den armen Taglöhner ꝛc. gegen den
Zwang eines Gutsherrn? Wie wenige solcher Armen
haben Opferfreudigkeit und Selbstständigkeit genug zum
Widerstand? Die Kirchenblätter berichten von Exempeln
gräulichster Tyrannei. Und wenn denn in der That
solche Verwirrung aus Mißverstand oder Mißdeutung
fraglichen Erlasses kgl. Regierung entstanden ist, warum
erfolgt denn keine Berichtigung? Wir wissen, was
wir unserer weltlichen Obrigkeit schulden und haben
uns in Tagen der Versuchung und Erprobung gewiß
nicht unbewährt erfinden lassen; aber man sage uns
doch um Gottes willen, was da werden soll, wenn
sich, wie nicht ausbleiben kann und bereits der Fall ist,
in einer und derselben Schule alte und neue Gesang=
bücher, alte und neue Lieder, alte und neue Melodieen
begegnen? Am Ende muß aller und jeder Gesang in
Kirche und Schule geradezu unmöglich werden! Und
wenn nun gar die künftigen Lehrer aus dem Seminare
kommen, wo nur das neue Gesangbuch im Gebrauche
ist und nur dessen Melodieen eingeübt werden, was
dann? Und in welche Stellung muß bei gegenwärtiger
Verwirrung der Lehrer bald zum Geistlichen, bald zum
Ortsvorstande, bald zur Gemeinde kommen, wenn selbe
nicht einig sind? Ha, wenn nicht bald wieder in andere
Bahnen eingelenkt wird, so muß es noch viel wirrer

und schwirrer werden, als es ·nach Behauptung des Gegners scheint. Dazu kommt der wahrhaft satanische Hohn, mit dem Kurier gegen die Kirche und ihre Die= ner tobt, indeß er den Erlaß vom 12. Dezember in's Ueberschwängliche lobt. Unsere schlichten Landleute wissen gar nicht mehr, was von alle dem zu halten sei. ·

Noch folgte ein Erlaß vom 21. Dezember, gele= gentlich dessen Auspsosaunung Kurier die „fromme Geist= lichkeit" beschuldigt, als habe sie Schmuggel mit dem Heiligsten getrieben in „pädagogischer Verschrobenheit." Kurier behauptet, seine schweren Bedenken und Aus= stellungen des bei uns eingeführten Elementar=Schul= planes nunmehr auf das Glänzendste gerechtfertigt zu sehen. Will es nicht scheinen, als habe der religiöse Memorirstoff die mangelhafte Schulbildung von 395 Conscribirten auf dem Gewissen? Wir behaupten mit aller Zuversicht: dieser religiöse Memorirstoff, wenn er nicht ganz albern gehandhabt worden, trägt gar keine Schuld an dem beklagten Uebel, sondern dies ist in ganz natürlichen Verhältnissen zu suchen, wie bereits anderwärts dargethan wurde. Dennoch schließt Kurier im Hinblick auf letzteren Erlaß wörtlich also:

· „Das war einmal ein Wort zu seiner Zeit von k. Regierung, das wir mit Dank annehmen. Wir sind nun begierig, ob die stets berichtigungsfertigen From= men uns auch in dieser Beziehung eine Berichtigung zukommen lassen werden. Eine Zahl spricht deutlicher als Millionen Worte, die Zahl — 395!!!"

So der Kurier vom 6. Januar 1861. O, daß er doch wüßte, was und wie viel außer dem fraglichen Memorirstoffe, z. B. die armen Confirmanden in West= heim noch zu lernen haben! Hat er Lust, es zu erfah= ren, so komme er, um sich aus höchst eigner Anschauung zu überzeugen. Damit wollen wir ihn aber auch zu= gleich versichern, ob auch die ganze Schulzeit ausschließ= lich auf Lesen, Schreiben und Rechnen verwendet würde, daß noch immer Hunderte von Conscribirten sich finden

laffen dürften, die gleichwohl nur mangelhaft lejen, rech=
nen und fchreiben können. Und wird in der begonnenen
Lockerung der Schulordnung fortgefahren, jo kann's mit
der Zeit noch beffer kommen. Unter allen Umftänden
aber werden fich in vielen Gemeinden jo und jo viel
talentloje und bis zum Blödfinn unbegabte Kinder fin=
den, und wieder andere, die schlechterdings durch keinen
Schulzwang zum regelmäßigen Schulbejuche zu bringen
find, jo daß kein Lehrer für deren mangelhafte Schul=
bildung verantwortlich gemacht werden kann, und daß
kein Lehrer, und wäre er der begabtefte, eifrigfte und
treuefte, dieje vollkommen gut lejen, jchreiben und rech=
nen zu lehren im Stande ift, auch Hr. Kurier nicht,
der doch ein Doctor ift, jelbft dann nicht, wenn er ein
Doctor seraphicus wäre, was er bekanntlich nicht ift. —
    So jehr fich Kurier in neuerer und neuefter Zeit
beeifert und beeilt, Erlaffe k. Regierung und k. Confi=
ftoriums zur Kunde feiner Lejer zu bringen, einen hat
er doch überjehen, den wir beßhalb zur Erbauung des
Kuriers wenigftens auszüglich nachholen wollen. Der=
jelbe betrifft die Reije Sr. Majeftät des Königs, und
hier insbejondere das Benehmen der Jugend, wobei die
Wahrnehmung gemacht wurde, daß unter der jubelnden
Menge auf der Straße und in den Fenftern jehr viele
junge und ältere Leute ftumm und mit bedecktem Haupte
Se. Majeftät den König anjchauten, ohne auch nur im
Entfernteften Miene zu machen, ihrem Monarchen die
jchuldige Ehrfurcht durch Abnehmung der Kopfbedeckung
zu bezeugen. Und jolche auffallende Rohheit, jetzen wir
hinzu, kommt in einer Stadt vor, die fich bejonderer
Bildung rühmt und in der es wahrjcheinlich nicht an
Bildungsftätten fehlt. Oder befindet fich nicht in Kai=
serslautern ein Zuchthaus, eine Anftalt für jugendliche
Sträflinge, eine Kreisgewerbjchule, ein Schullehrerjeminar,
eine Lateinjchule, eine höhere Töchterjchule, eine Mufter=
jchule und viele Volksjchulen mit entjprechendem Lehrer=
und Aufjeherperjonale? Und doch jolche Rohheit, jolche

auffallende Rohheit? Nun sollen die Localinspectionen, d. h. die Geistlichen, daß ihnen untergebene Lehrer= personal sofort anhalten, die Jugend in Werk= und Sonn= tagsschulen nicht nur mit den geselligen Formen des Anstandes und der Höflichkeit im gewöhnlichen Leben vertraut zu machen und deren Uebung bei derselben ge= nau zu überwachen, sondern ihr auch das Benehmen einzuschärfen, welches die schuldige Ehrerbietung gegen die geheiligte Person Sr. Majestät des Königs jedem gesitteten Menschen zur Pflicht macht.

Zu Vorstehendem haben wir bereits im Evange= lischen Kirchenboten bemerkt und bemerken hier noch einmal, wie folgt:

„Vergebliches Ansinnen das, so lange man die Pfaf= fenhaße gewähren läßt, wie sie der Pfälzer Kurier immer und immer wieder erneuert und seine löblichen Artikel zum Gaudium des gebildeten und ungebildeten Jan= hagels auch an denjenigen Orten gelesen werden, wo sich die Sonntagsschuljugend je länger je fleißiger wie= der einzufinden pflegt und selbst die Werktagsschuljugend, wenn auch nur im Beisein der Eltern, einfinden darf. Vergebliches Bemühen das, so lange Eltern und Herr= schaften die liebe Jugend selbst anweisen, den Weisungen ihrer Geistlichen Troß und Ungehorsam entgegenzusehen. Vergebliches Bemühen das, so lange die gelesensten Ta= gesblätter die Majestäten lästern und Revolution predi= gen. Man komme in unsere Orte, wo man das neue Gesangbuch ungehindert eingeführt hat und dem Kurier nöthigenfalls die Thüre zu weisen im Stande ist, ob solches Benehmen, wie das in Kaiserslautern gerügte, auch nur möglich sei. Man lasse nur die Dinge so fortgehen und die Folgen werden nicht ausbleiben. Wer Wind säet, hat immer noch Sturm geerntet, so lange die Welt stehet. Der gehörnte Siegfried droht ja ganz ungescheut mit solcherlei Sturm. Wer Ohren hat zu hören, der höre".

Ganz in ähnlichem Sinne spricht sich eine Corre=

spondenz vom oberen Haardtgebirge im Mainz. Jour=
nal vom 9. Januar aus. Dieselbe habe das Schlußwort:
„Ein auch bedeutend in das Politische hinüberspie=
lendes Ferment ist die protestantische Gesangbuchsfrage,
welche jetzt in ein neues Stadium getreten ist. Sie
haben wohl in der revolutionären Presse den „Victoria"=
Ruf bemerkt, womit sie einen neuen Regierungserlaß
begrüßt hat. Durch denselben wird in den Schulen jeder
Zwang beim Lernen im neuen Gesangbuch auf's strengste
verboten. Die Folge war leicht vorherzusehen. Man
betrachtete das Rescript als eine Abschaffung des neuen
Gesangbuchs und dieses wurde daher in Kirchen und
Schulen, wo es bisher ohne Anstand eingeführt war,
wieder außer Gebrauch gesetzt. Wie sich denken läßt,
wurde dadurch die Stellung der Geistlichen eine außer=
ordentlich schwierige und in manchen Gemeinden geradezu
unhaltbare. Das fragliche Rescript scheint übrigens
auf sehr schwankendem gesetzlichen Boden zu stehen und
auch ohne Wissen und Willen des Cultusministeriums
erlassen worden zu sein. Letzteres hätte übrigens längst
Veranlassung gehabt, in dieser Sache seine Domäne ent=
schiedener zu wahren. Der Wirrwarr hätte dann nicht
so groß werden können, als er geworden ist. Wenn
die Katholiken auch dem Streite ferne stehen, so können
sie doch nicht gleichgültig dabei sein, wenn beim Beginn
einer neuen tiefgehenden politischen Bewegung von gewisser
Seite Alles aufgeboten wird, um die geistliche Autorität
zu vernichten. Nirgends kann dieses von größerem Nach=
theil sein, als gerade in der Pfalz, wo jede Autorität,
weltliche wie geistliche, durch bekannte Ereignisse unter=
graben und erschüttert wurde. Und was für Staats=
bürger können aus Schulen hervorgehen, worin die El=
tern ihre Kinder zum Ungehorsam gegen Lehrer und
Geistliche anleiten und wobei sie, unerhörter Weise, höheren
Orts einen Rückhalt finden!"

www.ingramcontent.com/pod-product-compliance
Lightning Source LLC
Chambersburg PA
CBHW032033090426
42733CB00031B/956